地方議会を再生する

相川俊英
Aikawa Toshihide

a pilot of wisdom

目次

「支持者の意見だけが民意」ではダメ／
〝カリスマ議長〟に対する、様々な論評／町長との対話／
議長との対話／ほかの町村議会との連携／
議員報酬に関する、住民との意見交換会／
住民から「サラリーマンに議員休職を」という提案／
議員報酬に成果主義は導入できるのか？／
念願の「政務活動費の新設」議案を提出へ／
住民と議会・議員の「負のスパイラル」を脱するために

おわりに

はじめに

今の日本でその動向が最も注目される政治家といえば、東京都の小池百合子知事である。二〇一六年八月の都知事就任以降、都庁や都議会の深い闇に果敢に切り込み、都民、いや、多くの国民の注目を集めているといっても過言ではない。七月に都議会議員選挙が迫っていることもあって、連日、小池知事の一挙手一投足を報じる「小池劇場」が続いている。

確かに「都民ファースト」を掲げる小池知事の奮闘がなければ、二〇二〇年東京五輪の経費問題や豊洲市場の移転問題などは大きく表面化しなかったはずだ。豊洲市場の施設地下に盛り土がなされていないことが判明したり、地下水調査で環境基準の最大七九倍の有害物質が検出されたりする事態にもならなかったはずだ。また、ドンと呼ばれる議員が都議会を牛耳っていることや、議会側の要望で復活させる「政党復活予算」が毎年、二〇〇億円も特別に用意されていることなども、伏せられ続けていたに違いない。

こうした、小池知事就任以前の都政の不透明さが明らかになればなるほど、都議会への不信感は募るのではないか。行政のチェックもせず、むしろ、利権の分け前に与《あずか》ろうと暗躍してきたとしか思えないからだ。都民のためではなく、実際は自分のために議員活動をしているのでは?という疑念である。

そんな都議会議員の報酬はべらぼうに高く、年間で約一七一五万円。さらに七二〇万円の政務活動費が加わる。それほどの高額報酬を得ながら、都議会は都のデタラメを見抜けず、ないしは見逃していた。そんな実態を知れば知るほど議員への怒りは増すはずだ。

もっとも、こうした地方議会の状況は、なにも都議会だけではない。退廃・腐敗の度合いに大小はあるが、どこの自治体も似たり寄ったりの状況となっている。本来の役割を果たさず、報酬だけはしっかり受け取る地方議員ばかりといえる。行政の監視や政策提言などを行なわず、単なる追認機関、ないしは利権の配分機関にすぎないというのが、ごく一般的な地方議会の姿であろう。

そうした現実は、実は、住民自らが作り出したものといえる。「我がまちの議員に誰がなっても同じ」と、投票所に足を運ばない住民が増えている。例えば、前回(二〇一三年六月)の都議会議員選挙の投票率は五割を大きく下回り、四三・五%である。議員の名前や顔すら皆目わからないといった都民も多い。

しかし、「我がまちの議員に誰がなっても同じ」という時代はとうに過ぎ去っており、今は議会力の差が住民生活に大きく影響を及ぼすようになっている。なかでも選挙などに行かない〝無関心層〟に、マイナスの影響が出やすくなっている。以前なら、〝無関心層〟は特別なメリットを享受できないだけだった。それが今は、当然受けられるべき行政サービスを得られないという時代に変わった。代表的な事例をあげれば、なかなか整備が進められない保育所などの子育て支援サービスである。今後はさらに、不公平な負担が〝無関心層〟に押し付けられるようになるはずだ。

役に立たない今の地方議会を放置したままでいると、住民は将来、思ってもいなかった不利益を被ることになる。その時になって歯噛《はが》みしても手遅れだ。では、どうしたらよいか。そのヒントとなる事例を綴《つづ》ったのが、本書である。

取り上げたのは、どこにでもあるようなダメ議会の話だ。行政の単なる追認機関でしかなく、本来果たすべきチェック機能を全く発揮できずにいた。そして、町の第三セクターの経営破綻を防げず、住民に多大な負担を背負わせてしまった。当然のことながら、住民から批判の的となり、議員は厳しく責任を追及された。

その絶体絶命のピンチから、議会が改革に向けて動き出した。住民の役に立つ本来の議会に生まれ変わろうと、議員自らが学習と話し合いを重ねた。そして、日本の地方議会の中でも指折りの先進議会に生まれ変わった。長野県飯綱町《いいづなまち》の実話である。

本書は、住民の批判の対象でしかなかった飯綱町議会が、なぜ住民の役に立つ議会に生まれ変われたのか、その謎を解明したものだ。「我がまちのダメ議会やダメ議員に怒り心頭」という住民の方や、「同僚議員の怠けぶりやデタラメさにほとほと参っている」意欲と熱意ある地方議員の方に、是非とも読んでいただきたい。

また、「小池劇場」に心躍らせている方たちにも、読んでいただきたい。そして、ご自分が暮らすまちの議会と議員がどのような活動をしているか、首長と議会がどのような関係となっているかに関心を持ってほしい。小池都知事と都議会の抵抗勢力とのバトルを野次馬的に眺めているだけでは、地域と住民の未来を切り開くことにはつながらないからだ。ご自分の足元をしっかり見つめ直すきっかけにしていただきたい。

第一章　異色の町議会

地方議員は蔑視の対象？

地方議会や地方議員に対するイメージは一般的にすこぶる悪い。そして、イメージだけではなく実態も驚き呆《あき》れるほどひどい。行政の単なる追認機関でしかなく、「無用の長物だ」といった批判が、全国津々浦々から聞こえてくる。住民の中には「高い報酬をもらいながら何の役にも立たない議員はごく潰しでしかない」「まともな人は地方議員になろうなんて思わない」「そもそも地方議会なんて必要ない」とまで断じる人もいる。地方議員はもはや蔑視の対象となってしまった感すらある。住民によって選ばれる存在であるにもかかわらず、である。

こうした地方議会・議員への住民の厳しい視線は、二〇一四年にトンデモナイ事件が表面化したことで、より一層拍車がかかった。架空の日帰り出張などで政務活動費を詐取したあげく、会見で大号泣した例の県議の一件だ。世間を仰天させた破廉恥議員の出現により、これまでスルーしていたメディアも地方議会・議員の実態に強い関心を寄せるようになった。なにしろ面白ネタがそこかしこに転がっていて、探す手間などかからないからだ。

格好の批判攻撃対象として、やり玉にあげるようになった。地方議員の様々な不祥事がそれこそ日替わりのように大々的に取り上げられ、地方議会や地方議員への信頼はすっかり地に墜《お》ちている。そして、それも当然だといえる現実が厳然としてある（孤軍奮闘している真面目で優秀な地方議員もいるが）。

二〇一六年の夏には、地方議員による政務活動費の詐取事件がまたまた相次いで発覚した。なかでも世間を驚愕《きょうがく》させたのが、富山市議会だ。虚偽の領収書で政務活動費を詐取していた議員が芋づる式にあげられ、一二人もの議員が辞職するはめになった。このため、異例の補選が行なわれることになり、富山市民は余計な税金の支出（補選費用約一億二〇〇〇万円）を余儀なくされた。一一月六日の補欠選挙の投票率は二六・九四％ときわめて低く、市民の議会不信を如実に示す結果となった。さらにその二日後、正規でない領収書を使用したとして新たに一人の議員が辞職した。政務活動費をめぐる不祥事は富山市議会にとどまらず、全国各地で再度、表面化し、地方議会・議員のデタラメぶりに全国民が改めて呆れはてたのである。なお、富山市議会で一七年四月に任期満了にともなう市議選が実施されるが、辞職した元議員のうち、すでに何人かが立候補を表明している。

受賞ラッシュ、視察ラッシュの「飯綱町議会」

しかし、全国に一七八八（二〇一五年七月一日の時点で、四七都道府県議会に七九〇の市議会、九二八の町村議会、それに東京二三区議会）ある地方議会の中には、本来の機能を果たすべく日常的に努力を重ねているところも数少ないがある。そして、議会改革を進め、着実に成果をあげているケースもなくはない。議決・監視・政策立案の三つの役割をきちんと果たし、住民生活の向上に寄与している地方議会である。

そんな稀有《けう》な地方議会の一つが、二〇〇八年から議会改革に取り組んでいる長野県飯綱町の議会だ。その活動内容に全国の地方議会関係者などが着目し、高く評価している。毎年のように地方議会関連の賞を受賞しているのである。ざっと紹介すると、二〇一一年に第六回マニフェスト大賞特別賞及び優秀成果賞を受賞し、翌一二年は全国町村議会表彰と第七回マニフェスト大賞優秀成果賞をダブル受賞。一四年は第九回マニフェスト大賞特別賞及び優秀成果賞を受け、一五年は第二九回町村議会広報全国コンクール奨励賞を受賞した。そして、一六年には全国町村議会特別表彰に輝いた他、第一一回マニフェスト大賞の優秀成果賞を受賞した。

飯綱町議会は「議会力を向上させ、首長と切磋琢磨《せっさたくま》する議会」を目標に掲げ、様々な独自の取り組みを進めている。「政策サポーター制度」や「議会広報モニター制度」などを作り、住民参画の議会に変えつつある。そして、「学ぶ議会」と「議員の自由討議」をもとに、行政の追認機関からの脱却と政策提言という議会本来の機能を発揮し始めている。

関係者からの高評価が呼び水となり、ここにきて飯綱町議会への視察が増えている。その件数と視察人数をみると、二〇一一年度が一〇件一一一人、一二年度が八件六一人、一三年度が三件二九人、一四年度は一二件一一二人に増加し、一五年度は二〇件一九四人となった。一六年度も視察希望の勢いは止まらず、一七年一月末時点で三八件四〇六人となっている。日程調整がつかずに視察をお断りするケースさえ生まれている。これまでで、飯綱町議会への視察は全国各地の一〇八市町村議会にのぼり、訪れた地方議員の数は一〇七四人にのぼっている。

この飯綱町議会の改革を牽引《けんいん》しているのが、議長の寺島渉さんだ。その卓越したリーダーシップと見識の深さ、自治にかける熱意と実績などに全国の地方議会関係者が注目している。全国町村議会議長会の研修会に講師として呼ばれるなど、寺島さんは今や日本で一番、著名な地方議員といっても過言ではない。

全国最下位クラスの議員報酬、政務活動費はゼロ

長野県の北部に位置する飯綱町は、人口一万一五五三人（二〇一六年一二月末現在）。世帯数は四一六五にのぼる。二〇〇五年一〇月に牟礼《むれ》村と三水《さみず》村が対等合併して誕生した町で、南と西は長野市、北は信濃町《しなのまち》、東は中野市と隣接する。長野駅から町役場のある牟礼駅までは電車で二〇分ほどである。町域は飯綱山から斑尾山《まだらおやま》までの穏やかな丘陵地に広がり、面積は約七五平方キロメートル。豊かな自然を誇り、コメやリンゴ、モモ、ブルーベリーといった農業と、スキー場やゴルフ場などによる観光業が地域の基幹産業だ。町の一般会計の歳出規模（二〇一四年度）は六五億円ほどで、財政力指数は〇・二九である。

飯綱町の議員定数は一五で、会派はなし。二〇一六年七月一日時点の議員の平均年齢は六六・八歳となっている。全国の町村議員の平均年齢が六二・七歳（二〇一五年七月一日時点。町村議会実態調査による）なので、地方議会の中でも特に高齢化の進んだ議会といえる。

ちなみに長野県内の町村議員の平均年齢（二〇一六年七月一日時点）は六四・九歳である。

地方議員の報酬はいずこも高額になっていると思われがちだが、年収一〇〇〇万円を上回る好待遇は、都道府県議や政令市議、それに東京二三区の区議などに限られる。飯綱町のような小さな町村の議員報酬は、一般の方が思っているほど高くない。いや、想像している以上に安い。

飯綱町の場合、一般議員の月額報酬は一六万円で、副議長が一八万四〇〇〇円、議長が二六万九〇〇〇円である。ちなみに全国の町村議会の平均月額報酬は、一般議員が二一万二三四九円、副議長が二三万四一六九円、議長が二八万九二八八円となっている。人口が同規模の町村議会に絞って平均月額報酬をみると、それぞれ二一万六〇九二円、二三万七一七四円、二九万三七四五円だ。つまり、そう高額でない町村議員の報酬の中でも、飯綱町議員のそれは低い。全国の市議の平均月額報酬は約四二万円で、県議は約八〇万円である。東京都議の月額報酬はグーンと跳ね上がって一〇二万円となっている。

飯綱町議の期末手当（ボーナス）を含めた年収をみてみると、議員は二六二万五六〇〇円、副議長は三〇一万九四四〇円、議長は四四一万四二九〇円である。議員報酬だけで家族を養っていくのは容易ではないだろう。参考までに東京都議の年収を調べてみると、約一七一五万円だ。さらに、横浜市議は約一六三〇万円、名古屋市議は約一四五五万円、東京都千代田区議が約一〇六五万円、同大田区議が約一〇六三万円などとなっている。一口に地方議員といっても報酬は様々で、トップの東京都議から下の町村議まで大きな格差が生まれていることがおわかりかと思う。そんな中でも、飯綱町議の議員報酬は間違いなく全国最下位クラスである。

また、デタラメな使い方の横行で批判の的となっている議員の政務活動費も、自治体によって様々である。議員報酬と同様、各自治体が自ら条例を定めて額や支払い方式を決めることになっているからだ。例えば、東京都議は年間七二〇万円もの政務活動費を手にするが、飯綱町議はゼロ。そもそも政務活動費の制度を設けていないのである。

地方議員の実状とは

地方議員はもともと「非常勤の特別職公務員」なので、「給与」ではなく「報酬」が支払われることになっている。ここでいう「報酬」とは、役務への対価を意味する。つまり常勤職員への「給与」とは異なり、生活を保障する「生活給」ではない。そのため、議員は兼職が原則として認められ、別の仕事を持ってそこから収入を得るのがごく一般的だった。

ただし、それは議会・議員の役割が限定されていた時代だからこそ、成り立つ仕組みであった。議員は名誉職的な存在で、片手間仕事で別段問題なしとされていたからだ。そうした地方議員は自治体の権限が限定され、国の下請け機関でしかなかった時代の産物でもあった。自治体そのものが国に手足を縛られていたので、議会が行政の単なる追認機関であってもそうでなくても、実質的にそれほど違いは生じなかったのである。自治がきわめて限定的にしか認められていなかった戦前においては、地方議員は無報酬だった。

実際、非常勤である地方議員の活動日数は、決して多くない。議会の平均会期日数は、定例・臨時を合わせて、都道府県議会で年間九八日（二〇〇九年度）、市区議会が八七・一日（二〇一四年）、町村議会が四三・四日（二〇一四年）にすぎない。会期中も連日、本会議や委員会が開かれているわけではなく、調査日や準備日がある。議員が自宅などで勉強に充てる日である。

地方議員の多くは兼業で、普段は本来の仕事に時間を割いている。とはいえ、議会は平日の昼間に開かれるので、会社勤めの人が議員を務めることは事実上、不可能だ。議員任期中の休職を認める民間企業もなくはないが、サラリーマンの場合、その職を抛《なげう》って議員選に出馬しなければならないケースがほとんどである。結局、兼業が認められているといっても、実際にそれが可能となるのは農業や自営業といった特定の職種の人に限られる。また、そこに議員報酬の問題が加わる。小さな町村の議員報酬は安く、それだけで家族を養うには難がある。年金生活者のような、時間とカネに余裕のある人でないと議員になりにくい状況が続いているのである。

全国九二八町村の議員一万一一六一人の職業をみると、最も多いのが農業の三三九一人で、全体の三割を占める。次いで無職（専業）の二三九九人（二一・五％）、建設業七四九人（六・七％）となっている。

一方、議員報酬が高額な都道府県議や政令市議などには、専業議員も少なくない。議員報酬で充分生活していけるからだ。全国八一三市区の議員一万九三六四人（二〇一五年八月集計。全国市議会議長会）の職業をみると、最も多いのは無職（専業）の七八四七人（四〇・

五％）となっている。そのあとを農業・林業の二五六九人（一三・三％）、卸売・小売業の一一七九人（六・一％）、建設業の八一七人（四・二％）が続いている。

だが、こうした専業議員たちの日常活動は、議員活動というより、むしろ〝政治活動〟と呼ぶべきものが多い。自身や所属政党のための政治活動、ないしは、集票活動に力を入れているのが実態なのだ。国会議員になるための踏み台、ないしは、腰掛けとして地方議員になる人も少なくない。また、地方議員でありながら、国会議員の地元秘書としての活動に集中しているというケースも珍しくない。彼らの多くは地域の実情に疎く、住民とのコミュニケーションもなおざりだ。関心事はもっぱら国政・国会。つまり、地域や住民に顔が向いておらず、見据えている先は東京の永田町なのである。いずれにしても形だけの専業議員であり、地方議員のプロとはとても言いがたい。

こうした地方議員の片手間仕事が全国各地に広がり、すっかり定着してしまっている感がある。地方議会は、住民の役に立たないまま形式的に存在するだけのものになってしまっている。

報酬は安いが活動日数は多い

しかし、地方議会を取り巻く環境は大きく変化した。二〇〇〇年に地方分権一括法が施行され、国と地方は対等な関係に変わったからだ。自治体の自己決定・自己責任の時代が到来し、それに伴って議会・議員の役割と責任も増大することになった。いつまでも片手間仕事の議員を惰性的に置いておくわけにはいかない。地方議会になによりも必要となっているのは、プロの議員である。

報酬面では全国最下位クラスの飯綱町議会だが、議員の議会活動日数は全国平均を大きく上回る。本会議や委員会、全員協議会や視察研修、会議などの年間活動日数（二〇一五年度）をみると、議員平均が一一〇日、副議長が一七八日、そして議長は二八四日にのぼる。議長は、なんと町の常勤職員を上回るほどの活動日数となっている。ちなみに議員平均の活動日数の内訳をみると、本会議が二二日、委員会が会期中一二日、閉会中八日、全員協議会が八日、視察研修等が一九日、会合が二〇日、その他二一日である。

それぞれの年収を活動日数で割って日当を換算すると、議員は二万三八六九円、副議長は一万六九六三円、議長は一万五五四三円となる。飯綱町議会の議員たちは、安い議員報酬で懸命に働いているといえる。全国的にもきわめて珍しい奇特な議会なのである。

もちろん、議員が安い報酬で活発に活動しているという点だけで評価するのは、早計だろう。議員活動が住民の生活向上に寄与し、住民からも評価されて初めて、意義ある議会・議員活動といえる。その点については後述したい。

議会視察団との対話

二〇一六年七月一九日の午後一時過ぎ、飯綱町庁舎に議会視察の一行が到着した。やってきたのは鳥取県琴浦町《ことうらちょう》議会の副議長ら総勢七名（議会事務局のスタッフも含む）。鳥取から飛行機で羽田に移動し、東京駅に出て新幹線に乗り換えて長野へ。そこから車で飯綱町にやってきたという。遠方からの一行を迎えたのは、寺島渉議長と清水滿副議長、それに風間行男議員と石川信雄議員の四人。

議場横の会議室に入り、ロの字の形に並べられたテーブルに全員が着席した。双方の挨拶や自己紹介の後、寺島さんが飯綱町議会の取り組みなどについて説明を始めた。七名は配付されたレジュメに目を落としながら、真剣な表情で寺島さんの話に耳を傾けていた。こんな話だった。

議会改革の狙いは、行政（町長）と議会から成る二元代表制を形式的なものから実体あるものに機能させること。行政の追認機関から脱却し、首長と切磋琢磨して地域行政の発展の一翼を担う存在に議会を変える。そのために議会の政策提言活動を重視し、「政策サポーター制度」を新設した。議会への住民参加を広げ、「議会の見える化」を進めている。議会改革は議員の意識改革でもある。一過性や単発では不十分で、持続的・継続的に実践を積み上げ、活動を定着させることこそが重要。定数・報酬の削減は議会改革ではない。八年余の実践で、飯綱町議会の議会力は向上したが、個々の議員力の向上は今後の課題となっている――。

こうした寺島さんの説明を、視察者は皆、真剣な表情で聞いていた。一時間半余りが経過し、トイレタイムとなった後、質疑応答に移った。最初に手をあげた琴浦町の議員が「私は（飯綱町議会の）政策サポーターの取り組みに関心があります」と切り出し、飯綱町の議員報酬についてこう問いかけた。

「(住民から) 月一六万円でようやっているなという声が出てもよいと思いますが、これでは限られた人しか (議員に) なれないのではないかと思いますが……」

質問した議員は飯綱町議会の活動内容の詳細を聞き、その割に議員報酬が低いのに驚いたようだ。定数一六の琴浦町議会の議員報酬は、月額二二万四〇〇〇円。飯綱町議より六万円余り高額だが、全国の町村の平均に近かった。寺島さんが実情をこう説明した。

「これまでは報酬等審議会で議員報酬が決められてきました。審議会はどこもそうですが、近隣市町村の議員報酬と比較して、額を決めています。長野県内は全体的に議員報酬が低いんです。それで審議会はこのところ開かれていません。合併の時も行政改革の議論が中心で、議員報酬についてはきちんと議論がなされませんでした。最近は町民所得も下がっていまして、(議員報酬アップについて) 提案しにくいのです」

別の琴浦町議が「議員報酬について統一的な行動がとれないものでしょうか」と質問とも意見ともとれる発言をし、寺島さんら飯綱町議員側もそれに頷《うなず》いた。その後もいろんな質問がぶつけられた。「本会議でも議員間討議をやっているんですか」との質問がなされ、寺島さんは「本会議は基本的に質疑と意見表明で、自由討議は不可能です。全員協議会や委員会で議員間討議を徹底的にやります。いかにして首長や職員が気付かない、ないしはあえて積極的に示そうとしない論点・争点を引き出し、そこに切り込むような質疑をするかが重要です。質問の質を高めるよう議員同士で議論しています」と回答した。

また、住民との懇談会でどのような意見が出るかと尋ねられると、寺島さんは「行政への要望を代弁してもらいたいといったものが多い」と、率直に内情を明かした。飯綱町議会が採用している五七名の「議会だよりモニター」についても関心が寄せられた。各モニターが意見や提案をきちんと書き連ねていることを指摘し、その要因を尋ねたのである。おそらく、モニターの回答内容の充実ぶりに驚いたのだろう。寺島さんはこう答えた。

「議会だよりモニターには議長から委嘱状を出しています。そして、議会報やアンケート用紙は議員が手分けして、モニターさん一人ひとりに直接、手渡ししています。回収も同じです。それで皆さんよく回答してくれるようになったのだと思います。でも、正直言いまして、批判や傍観者的な意見が多いなと思います」

リーダーと独裁者の違い

活発な質疑応答が一時間ほど続き、視察に訪れた琴浦町議六人全員が何らかの発言をした。そうした中で、ある琴浦町の新人議員の問いかけが実に興味深かった。

その議員は、なんでも琴浦町議選が無投票になりそうだったので、それを阻止するため告示二週間前に急遽《きゅうきょ》、立候補を決意し、出馬したという。結果はなんと二番での当選だった。この七〇歳の新人議員は、飯綱町議会が新人議員への研修を実施していることを聞き、「とてもよいことだと思います。私も議員になってわからないことばかりで、誰に聞いたらよいか、どうしたらよいものかと困っていました」と笑顔で語った。そのあと、こんな持論を展開した。

「議長は二年くらいで交代した方がいいんじゃないかと私は思っています。リーダーを長く務めると独裁的になってしまいがちですからね」

一人の議員が七年間にわたって議長を務め、議会改革を牽引している飯綱町議会を揶揄《やゆ》するようにも聞こえた。

この発言に対し、進行役を務めていた飯綱町の清水満副議長が即座に反応した。

「リーダーと独裁者の違いを私はこう考えます。リーダーも独裁者も自分の考えや案を提案します。リーダーというのは自分が提案したものについて皆の意見を聞き、合意が得られたものを進めていきます。これに対して独裁者は、自分が提案したものへの反対を押さえつけて進めていくやり方です。こうした独裁的なリーダーシップではなくて、いろんな意見をまとめ上げて進めていくリーダーシップは不可欠です」

続いて、寺島さんもこんな説明を加えた。

「議会改革の進め方として全員一致を原則としています。とことん議論して、そのあとに賛否を問います。それで一人でも反対する人がいたら、それは採用しません。議会改革は時間がかかります。上意下達では進みません。権力をふりかざしてやるのではなく、民主的な運営をしながら、一歩一歩進めるしかありません」

琴浦町議員の視察は午後四時ごろ終了した。三時間に及んだ飯綱町議会の視察を終えた琴浦町議会の高塚勝副議長は「全国町村議会の表彰を受けただけあって、議会改革が進んでいると思いました。大変、参考になりました」と、率直な感想を語った。

そして、高塚副議長は自分たちの議会でも取り入れたいものとして、五点をあげていた。広報モニター、政策サポーター、執行部への政策要望書の提出、議長選挙での所信表明後の質疑応答。そして、新人議員への研修についても、自分たちの議会でも実施することを提案したいと語っていた。また、「寺島議長さんが『議員報酬と定数の削減は議会改革ではない』とおっしゃっていましたが、私も同意見です。しかし、町の全般的な雰囲気は定数削減のようになっていまして……」と、内情を明かすのだった。

そして、高塚副議長はまるで自分に言い聞かすようにこんな話をしていた。

「人間というのはどうしても、何かきっかけとなるような大きな問題が生じないと、動き出さないものですよね。ウチはそのきっかけとなるようなことがない。安泰ムードなんです。本当は問題がなくても、（改革に向けて）動かないといけない」

翌日の午前一〇時に別の視察団がやってきた。こちらは宮城県東松島市の議員一行だった。飯綱町議会側は前日と同じメンバーが顔をそろえ、視察に対応した。

全国各地から視察に訪れる人たちの知りたいことは共通していた。飯綱町議会の議会改革の取り組みの具体的な内容はもちろん、なぜ、そうした取り組みが始まり、なぜ、うまく軌道に乗るようになったかを知りたがっていた。どのようにして改革を進めていったのかそのやり方を学び、少しでも参考にしたいという思いである。

だが、飯綱町議会の改革への道筋は決して平坦なものではなく、混乱と紛糾、迷走の日々を重ねた末でのものだった。二、三時間の視察だけでは、その全貌を理解するのは土台無理な話なのである。

第二章　反骨の議長

寺島議長、京都で倒れる

二〇一六年六月一一日、寺島渉さんは、奥さんが運転する自家用車の助手席に座り、京都へ向かった。奥さんの実家を目指しての六時間半に及ぶ長旅で、同窓会への参加が主な目的だった。

長野の高校から京都の大学に進学した寺島さんは、卒業後も暫《しばら》く京都にとどまり、二〇代のほとんどを古都で過ごした。京都は彼にとって第二の故郷であった。学生時代に活動を共にした後輩から「同窓会を開くので、一学年先輩の代表としてぜひ出席してください。乾杯の音頭と挨拶をお願いします」とお呼びがかかり、今回の夫婦そろっての京都行きとなった。朝六時半に飯綱町の自宅を出発したが、事情があって車の運転は奥さんに任せきりとなった。

懐かしい面々に久しぶりに会えるとあって、寺島さんの気持ちはどこまでも軽やかだった。同窓会には二十数人の後輩たちが顔をそろえる予定で、大学卒業以来、四五年ぶりの再会となる人も多かった。寺島さんは一カ月ほど前に六七歳になったばかりで、長時間ドライブがそれほど肉体的な負担になるとは思ってもいなかった。だが、多忙な日々を送っていたこともあり、寺島さんの体は知らず知らずのうちに限界寸前になっていた。

昼過ぎにやっと京都に到着し、昼食をとろうとなった。奥さんの実家近くの中華料理店に入り、奥さんは酢豚定食、寺島さんは冷やし中華を注文した。さあ食べようとしたその瞬間だった。箸を持つ指の具合がどうもおかしい。しっかり麺を摑《つか》めず、ポロリと落ちてしまう。実は、寺島さんは京都行きの前日まで草刈りに追われ、五日間にわたって連日、大汗をかいていた。心躍る京都旅行の前にやるべき仕事を片付けてしまおうと、知らずに無理を重ねていたようだ。脱水状態が続いていたのである。自宅を出る前から右足に違和感を抱いていた。

自分の体にただならぬ異変が起きていることを察した寺島さんは、急いで電話をかけた。呼び出した相手は同窓会の幹事役で、しかも、病院の理事長を務めている後輩だった。緊急事態を告げると、後輩は近くの病院を教えてくれた。大あわてで奥さんの車でその病院に駆け込み、そのまま緊急入院となった。

検査の結果、脳内に一一ミリほどの血の塊が見つかった。脳梗塞である。すばやい対処が幸いしたが、京都訪問の最大の目的だった同窓会への出席は、不可能となった。まるで入院するために長野からはるばる京都までやってきたような結果となってしまった。それでも急を聞きつけた後輩や同級生たちが次々に見舞いに訪れ、病院のベッドを囲んでミニ同窓会のような様相を呈した。

夫婦そろっての京都旅行は二泊三日の予定で、月曜日にはそろって飯綱に戻るはずだった。それぞれが仕事を抱えていたからだ。奥さんは月曜日に車に乗り込み、独りで長い帰路についた。一方、病室に残された寺島さんは治療や検査の日を送ることになった。外出はできず、独り静かに本を読むしかなかった。念のためにと脳や首などの血管を二日間かけて検査してもらったが、問題はなかった。

入院生活が思いのほか長引き、寺島さんは次第にやきもきするようになった。六月二〇日が飯綱町議会六月定例会の最終日で、議長としてなんとしても出席せねばと思っていたからだ。その旨を担当医に伝えると、「議会のことなんか気にしないでください。そんなことを考えていると、ストレスが溜《た》まって悪化してしまいますよ」と、諭されてしまった。

結局、寺島さんの退院は二〇日の昼までずれ込んでしまった。新幹線などを使って一人で京都から飯綱に戻ったが、議会には間に合わなかった。

寺島さんの京都滞在は入院生活に終始してしまい、大学時代の後輩たちとじっくり語り合うことも、とことん飲み交わすこともかなわなかった。それでも、同窓会で各人が語ったコメントなどが後日、自宅に届けられたことから、後輩たちのおおよその近況を知ることができた。後輩たちの半数がすでに政治活動から離れていたが、それでも、それぞれの分野で問題意識を持ち続けて精一杯生きている様子がうかがえたという。寺島さんは「保守反動になった奴《やつ》はいない」と、嬉《うれ》しそうに語るのだった。

実は、寺島さんが参加するはずだった京都の会合というのは、大学時代の学生運動の仲間たちの同窓会だった。

三七歳で共産党村議に

寺島さんは、一九七〇年四月に立命館大学法学部に入学した。もともと弁護士志望で、入学当初、友人に「おやじが山を売って大学に入学させてくれた。なんとしても弁護士になって地元に帰らなければならない」と、その思いを打ち明けていた。勉強家で行動力のある寺島さんはクラスやサークルなどで、自然とリーダーシップを発揮するようになっていた。自治会のクラス委員などを務め、様々な活動の中心を担う存在となった。そうした活動ぶりが知られるようになり、日本共産党のメンバーから入党を勧められた。寺島さんは大学一年の秋に入党し、民青同盟の一員となった。政治活動や学習活動で多忙を極めるようになり、寺島さんは弁護士になる夢を断念し、政治の道を歩むことにした。

大学卒業後は民青同盟の専従となり、立命館大学地区委員会の委員長に就任した。寺島さんの持ち前の指導力と熱意により、地区委員会は二〇〇〇人を超える巨大組織に成長した。こうした実績が買われてか、七八年春に民青同盟の中央委員に抜擢《ばってき》された。活動の拠点を東京に移し、さらに中央常任委員になるなど、寺島さんは組織の中枢を駆け上がっていった。

民青同盟の卒業年齢（当時は三一〜三三歳、現在は原則として三〇歳）に達した八二年、寺島さんは郷里の長野に戻ることを決意した。京都の党関係者から「京都に戻ってこないか」と誘われたが、実家に帰る道を選択した。農業を営む飯綱の実家は貧しく、男兄弟もいなかった。両親の世話をしながら政治活動と農業を両立しようと考えたのである。

こうして日本共産党長野県委員会の専従となった寺島さんは、八七年四月に出身地の牟礼村（当時）の村議選に出馬して初当選した。三七歳という若さだった。日本共産党の一地方議員として活動をスタートさせた彼は、「住民自治・地方自治の発展のために全力をあげること」を自らの政治信条とした。学生時代から培った持ち前の調査分析力を駆使し、行政や政治の不正を鋭く追及する議員活動を展開させた。

牟礼村議となった寺島さんは、たちまち、周辺自治体にまで広くその存在が知られるようになった。当時から彼を知る地元のあるベテラン議員は「彼は若いころから〝共産党の寺島〟として有名だった。追及力がすごいと評価されていた。しかし、徹底的に追及するので嫌がられてもいた。それで敵も多かった。今は柔らかくなったが、それでもごくたまに衣の下から鎧《よろい》が覗《のぞ》くこともある」と語る。寺島さんはゴリゴリの共産党議員で、バリバリの活動家だったのである。

目障りな「マルキョウ」

寺島さんの存在が周辺自治体にまで知れ渡るきっかけになったのが、一九八九年九月議会での一般質問だった。

その年の三月に行なわれた牟礼村長選の際に、無投票で三選を果たした平井博文村長が建設業者から違法な寄付金を集めていたと、証拠事実を突きつけて追及した。選挙後に村の選挙管理委員会に提出された「選挙運動費用収支報告書」を調べ上げ、平井村長が村の工事を請け負う建設業者一〇社から合計六六万円の寄付金を受け取っていたことを突き止めたのである。請負業者の選挙時の寄付行為を禁じた公職選挙法に明らかに抵触する違反行為だった。議会で寺島さんに追及された平井村長は「後援団体に全部任せていた。事実ならまずい。反省してお詫《わ》びする」と、苦々しい表情で答弁した。

問題はそれだけではなかった。なんと、政治的に公正・中立であるべき村の選挙管理委員長も平井村長の「励ます会」に出席し、二万円を寄付していた。寺島さんの指摘に選挙管理委員長は「公選法には抵触しないが、道義的責任を感じている。家人が持参したもので、私は知らなかった。軽率な行為を反省している」と、こちらも苦しい答弁だった。

行政当局と業者の癒着の一端を暴いた寺島さんの一般質問は、地元メディアに大きく取り上げられ、住民の関心を集めることになった。寺島さんのもとに様々な反応がよせられた。「議員として当然の指摘だ。関係者の責任を明確にすべきだ」と寺島さんの追及を評価する声がある一方で、逆に「あんなことを議会で取り上げるなんて、村の恥をさらすようなものだ」とか「共産党は村をかき回している」などと、逆に寺島さんを非難する声も多かった。違法行為をする人間よりも違法行為を問題視する方が悪いという、歪《ゆが》んだ考え方だ。寺島さんの自宅に「平井村長のやることにガタガタ文句を言うな！」といった脅迫まがいの電話や手紙が頻繁にきた。それらは皆、匿名だった。

当時の牟礼村議会は村長派の議員で埋め尽くされていた。役場出身の平井村長は最初の選挙で激戦を制した後は、二選、三選と無投票当選を重ねていた（平井村長はその後も四選、五選と無投票当選をする）。圧倒的な力を持った村長の前に、村の誰もがひれ伏すようになっていた。村議会も完全に行政（村長）の追認機関と化していた。寺島さんの話によると、議員らは定例議会が終了すると、村長に連れられて上山田《かみやまだ》温泉などでの打ち上げに参加するほどだった。もちろん、当時の寺島村議には誘いの声はかからなかったが……。議員たちにチェック機能を果たす意欲もその力もなかったのである。ましてや政策提言などありえない話だった。

彼らにとって、寺島さんは目障りでしかなかった。平井村長は後援会などで「マルキョウの野郎ども……」「マルキョウが云々《うんぬん》……」などと蔑視発言を繰り返していた。こうした村長の言動を見過ごせぬと思った寺島さんが一九九三年の三月議会の一般質問で俎上《そじょう》にのせると、返ってきたのは「ほかの町村長も『マルキョウ』といっている。バカにしているわけではない。今後は気をつける」という答弁だった。こうした政治風土の中で不正をただそうと奮戦する寺島さんは、間違いなく、異端の存在であった。そして、首長や議員、役場職員たちにとっては厄介な人、面倒な人であったに違いない。

衝撃的な内部告発

一本のタレコミ電話が地域を揺るがす大事件に発展するとは、その時、誰も予想していなかった。そして、当事者となった寺島さんも、その後の自分の人生を大きく変えるきっかけになるとは、夢にも思っていなかった。牟礼村議二期目の任期切れを前にした、一九九四年の年末の出来事だった。

当時、牟礼村と三水村、それに信濃町で構成する一部事務組合「北部衛生施設組合」が、新しいごみ焼却施設の建設を計画していた。指名競争入札で建設事業者を選定し、新年度（一九九五年度）から着工という段階になっていた。そんな状況下、北部衛生施設組合議員を兼務する寺島さんら共産党議員のもとに談合情報の電話が入った。

相手は発注側への怒りをどうにも抑えきれずにいたようで、耳を疑うような話をぶちまけた。その詳細な内容から明らかに業界関係者、それも談合の仕切り役と目された。信憑性《ぴょうせい》を確認するため、寺島さんらは直接会って、話を聞くことにした。悩んだのは、どこで会うかであった。罠《わな》かもしれないし、全くのガセネタかもしれない。もちろん、相手側も全く別の理由で、どこで接触するか細心の注意を払ったはずだ。

某所で待ち合わせしたところ、スーツ姿のごく普通の営業マン風の男がやってきた。どうやら地元の人間で、地元企業の幹部のようだった。男の話は具体的で、かつ、衝撃的なものだった。寺島さんらはガセでも罠でもないと確信した。

それによると、ごみ焼却施設の建設では業界内の棲《す》み分けがきちんとできていて、大規模施設は大手業者、小規模施設は中小業者と決まっていたという。北部衛生施設組合の建て替え計画についても業界はいち早くキャッチしており、小規模なため中小業者の仕事とみなされていた。最終的には五、六社による指名入札で、建設業者が決まる手筈《てはず》となっていた。それが業界内の常識であった。受注を目指す中小各社は三、四年前から組合側に猛烈な営業をかけており、タレコミしてきた男は組合長に「名刺代わりに数十万円を渡した」といっていた。「それだけか」と尋ねても口をつぐんだという。

ところが、指名入札の参加業者選定という段階になって発注側が突然、横紙破りに出た。中小業者をすべて指名から外し、大手五社のみを指名業者にしてしまったのである。もちろん、大手業者側から強烈な営業攻勢を受けてのことで、男は「我々だったら一九億円ほどで施設を建設できる。それを大手は二七億円ほどかかることにして、差額のカネをいろんなことに使おうとしている」と、暴露したのである。

衝撃的な内部告発に寺島さんらも驚愕した。その内容が内容だけに今まで以上に慎重を期すことにした。男の情報だけで動くのは危険だと判断し、別の中小業者にもあたってウラを取ることにしたのである。目星をつけて接触を試みたところ、東京の中小業者に話が聞けることになった。どこで会うかまた迷うことになったが、県庁議会棟の二階ロビーを指定した。現れたのは、これまたスーツ姿のごく普通の営業マン風の男だった。話の内容に齟齬《そご》はなく、寺島さんらは確信を持った。間違いないと……。業界内の秩序・ルールをカネの力で強引に捻《ね》じ曲げようとする大手と発注側の北部衛生施設組合にもう我慢ならないと、不正への追及力に定評のある寺島さんら共産党議員に洗いざらいぶちまけた、というのがタレコミの真相だった。

党組織との想定外の対立

寺島さんらは官製談合疑惑を徹底的に究明し、不正をただすことを決意した。多額の税金を無駄遣いすることにほかならず、地域にとって見過ごすわけにはいかない重大問題であるからだ。年末年始の休みを返上し、精力的に動き出した。様々な資料を集め、業界関係者への極秘調査を重ねた。闇の中を這《は》いずり回るような日が続いた。そして、年明け早々に、北部衛生施設組合の組合長あてに公開質問状を提出することを決めた。年明け二月から北部衛生施設組合議会が開かれ、予算案が議決される予定になっていた。その前に行動を起こさなければ、手遅れとなってしまうからだ。

ところが、これが思わぬところにも波紋を呼ぶことになってしまった。共産党地区委員会にその旨を報告したところ、想定外の注文が入ったのである。公開質問状は寺島さんらだけで提出するのではなく、地区内の共産党議員全員の連名で出すべきだと言ってきたのである。おそらく、四月に迫っていた統一地方選を意識しての判断で、寺島さんらの調査追及活動を党勢拡大に利用したいと考えたのであろう。他の議員の知名度も上げようという考えである。

寺島さんが組織の突然の要求に納得できず、「指導には従えない」と返答したところ、「従わなければ、除名する」と言い渡されてしまった。ともに正月休みを返上して追及してきた仲間の議員はここで降りてしまい、結局、公開質問状は寺島さん一人の名前で提出されることになった。提出日は一九九五年一月六日。寺島さんは当時の思いをこう語る。

「私は住民の利益のために頑張るのが共産党の議員だと思っていた。地道な努力をしないで、かっこだけつけて、ラクして当選したいというような人は、認めたくない。姑息《こそく》な手を使ってでも選挙に勝つというのも、許せない」

寺島さんが「ゴミ処理施設建設の業者選定をめぐる公開質問状」を提出したことで、地域は文字通り大揺れとなった。マスコミにも大きく取り上げられ、住民の関心を集めた。

公開質問状への回答が出された二日後、北部衛生施設組合議会の全員協議会が急遽、開催された。業者選定をめぐる質疑応答が二時間余りにわたってかわされた。しかし、組合側は説得力のない答弁に終始し、「初めから大手五社指名ありき」の疑惑がより深まった。寺島さんは再度、公開質問状を提出した。

寺島さんの疑惑追及に組合側は追い詰められていった。もはやこれまでと考えたのだろうか。組合長が「話がある」といって寺島さんを某所に呼び出し、いきなりこう切り出したのである。

「寺島議員、おめえさんのいっている元札（入札の予定価格、つまり上限価格）をいれるから、この事業を認めてくれ」

つまり、落札価格を二七億円台ではなく、一九億円台にとどめるから、矛を収めてくれということだった。思わぬ申し出に寺島さんは驚いた。党組織に連絡し、協議したうえで了承することにした。住民負担を減らすことを最優先にしたのである。

こうしてごみ焼却施設の落札価格は一九億円台となり、大手業者が受注した。組合側が「寺島議員がどこまで把握しているかわからない」と恐れをなし、こっそり白旗をあげる結果となったのである。逆にいうと、寺島さんの行動が多額の税金の無駄遣いを阻止することにつながったのだ。

補助金の不正受給を突き止める

しかし、寺島さん自身は辛《つら》い立場に追いやられていった。さすがに共産党からの除名は免れたものの、地元の党員から白眼視されるようになり、孤立してしまったのである。本人も会合に出にくくなり、足が遠のいていった。感情的なこじれが修復不能なレベルにまで進んでしまったのである。寺島さんが三期目を目指して牟礼村議選に立候補すると、地元の党員から「なんでお前が選挙に出るんだ、やめろ」といった抗議の電話が自宅に殺到したほどだ。

なんとか三回目の当選を果たした寺島さんは、その後、村の監査委員に就任した。監査委員は、有識者が務める代表監査委員と議員が務める監査委員の二名で構成され、牟礼村では議員監査委員は希望者が就任することになっていた。三期目になった寺島さんが手をあげたところ、ほかに名乗りをあげる議員はおらず、そのまま監査委員への就任となったのである。村の執行部側は内心、困ったことになったと思ったのではないか。

自治体の監査委員は当時、形式的な監査でお茶を濁すことがほとんどだった。執行部側と馴《な》れ合い、一種のセレモニーのように仕事をこなすだけで、「眠れる監査委員」などと揶揄されていた。議会と同様、単なる「追認機関」にすぎないのが実態だった。だが、寺島さんはやはり違った。村の財政支援団体への随時監査を実施し、補助金の不正受給を突き止めたのである。

寺島さんが随時監査したのは、一九九二年に発足した「牟礼村農林産物直売所」（組合員約六〇人）だった。九四年度に実施された販売施設の建設事業を対象に、補助金の額の算定や交付方法、手続きなどが適正かを監査した。そうしたところ、次々にトンデモナイ事実が明らかになった。補助金受給のために組合が村に提出した、工事契約書や業者からの領収書がなんと偽物だったのである。事業費一〇〇〇万円とされ、県や村から補助金を受けていたが、実際は八八九万円で、差額の一一一万円を別なものに流用していたことが明らかになった。領収書などの資料の提出を求めたが、「どこかにしまい忘れた」の一点張りで、何に流用したかもわからずじまいだった。補助金を不正受給した組合のトップは現職の村議、施設建設の責任者も同様で、しかも副議長だった。九七年四月に監査報告が提出されたことにより、彼ら二人は議員辞職することになった。

不正行為の追及で孤軍奮闘する寺島さんを支持する議員が少しずつ、増えていった。チェック機能を果たし、地域の政治風土を変えていかねばならないと考える議員が現れてきたのである。議会や議員の役割をきちんと捉え、行動すべきとの雰囲気が議会内にジワジワと広がり始めていた。

孤立する「共産党議長」

一九九七年五月に村議会議長選挙が行なわれ、寺島さんが立候補した。二人の候補者が議場で出馬演説し、質疑応答を経て投票となった。結果は寺島さん七票、もう一人の候補も七票。抽選の結果、寺島さんが議長に選出された。異例の共産党議長の誕生である。

だが、もともとたくさんの支持を集めていたわけではなく、しかも、村長が「マルキョウ」と呼ぶ共産党の議員である。新議長への風当たりは当初から強烈だった。それでも議会運営にこれといった問題は生じず、一年半が経過するころだった。九八年の一二月定例会が開催され、何事もなく最終日（一二月二二日）を迎えることになった。

その日の朝、寺島さんが庁舎に入ると、議会事務局長が顔色を変えてやってきた。そして、「たった今マスコミから聞きました」と、焦りながら話すのだった。身構えて話を聞くと、なんと議長不信任案が提出されるという。寝耳に水のことだった。

寺島さんの知らないところで、密《ひそ》かに議長不信任の工作が進められていた。あまりに突然のことで、すでに打つ手はなくなっていた。議長不信任案は賛成が八、反対が五で可決された。議長不信任の理由として「共産党の党籍を離脱しないまま議長職に就いている」「議会活動中、大声で人の発言を封じ、相手に威圧感を与えて自分の意思を通そうとする」「議長会に初めの二回出席したのみで、後の一〇回は出席していない」の三つがあげられていた。いずれも言いがかりとしか言いようのないもので、寺島憎しによる不信任ということが明白だった。

議長不信任案が可決された日の夜、寺島さんの自宅に一本の電話が入った。相手は「これで寺島のやってきたことはすべて否定された」と一方的に喋《しゃべ》りまくり、名乗らぬままガチャンと電話を切ってしまった。議場内で聞いた覚えのある声だったので、誰なのか見当はついたという。議長不信任は法的拘束力を持たないので、寺島さんはそのまま議長職にとどまった。

それでも不信任にどうしても納得のいかない寺島さんは、反論のチラシを作成し、全戸配布することにした。一晩で一気に不信任理由三点への反論を書き上げ、「不信任問題に関する議長見解」としてまとめ上げた。

三つの不信任理由への主な反論はこうだった。

「党籍を持つことと、一党一派に偏った議会運営をすることは、全く別の次元の問題。これまで議会運営に問題があるとの意見や批判は寄せられていない。議長選の時に党籍をもったまま議長職に就きたいと表明し、選ばれている」

「威圧するような態度をとったことはない。激論になり、大声を出したことはあるが、議会は議論を闘わす場所なので激論はありうること。自分の意見があるなら、堂々と説得力をもって議論を展開すればよいと思う。それができないのは、議員としての自信や自己主張に確信がないからではないか」

「議長会に初めて出席した時、懇親会費は自費で賄うべきではないかと問題提起し、以後、懇親会費（五〇〇〇円程度）は自費で賄うことになった。ところが、懇親会費を公費でやる研修視察への参加要請があり、自費にするよう申し入れたが聞き入れられず、議長会への出席を見合わせるようになった。議長会は任意団体で、欠席しても法的問題は生じない」

寺島さんはこうした反論チラシを作成し、九九年の正月に全戸配布した。ところが、彼の行動に村の共産党員の多くがそっぽを向き、応援の手を差し伸べなかったという。チラシ配りを手伝ってくれたのは、たった一人だった。談合追及の公開質問状での感情のもつれも加わり、寺島さんの言動を地元の党員たちは冷やかに見ていた。そればかりか、彼の存在を快く思ってはいなかったのだ。党員たちの自らへの低評価を改めて痛感した寺島さんも、地域の仲間たちに不信感を募らせた。議会で不信任案が可決されたことよりも、むしろ、彼らの冷淡さの方がショックだったという。「もう我慢の限界だ」と、共産党からの離党を決意したのである。

共産党離党、村長選挙落選

寺島さんは三期目の任期終了（一九九九年）と同時に、共産党に離党届を提出した。提出した相手方からは何の反応もなかったという。約三〇年にわたる党員生活に自らピリオドを打ち、村議選への出馬も取りやめた。長年いた組織を離れた寺島さんは「自分の政治信条は微動だにしていない。離党後も共産党という組織を否定したり、攻撃したりしたことはない」と力説する。

二〇〇一年三月に牟礼村の村長選が行なわれ、離党して二年たった寺島さんは無所属での出馬を決意した。五期二〇年続けた平井村長が引退を表明したことから、村政が転換する好機と判断したからだ。

ちょうどそんな時だった。大学時代からの親友に呼び出され、栃木まで訪ねていくことになった。心配する親友に、離党の経緯から村長選への思いまですべてを明らかにした。黙って耳を傾けていた親友はいったん部屋から姿を消したあと、封筒を手にして戻ってきた。そして、「これを生活費として使ってくれ。決して選挙に使ってはならない」と手渡してきた。中身は現金一〇〇万円だった。寺島さんがびっくりすると、親友は「毎年、リンゴを送ってくれ。これはリンゴ代だ」と、笑いながら告げたのだった。寺島さんは親友の思いをありがたく受け取ることにした。金銭的にも厳しい日々を送っていた時期だったので、とても助かったという。以来、栃木の親友宅に寺島さんからリンゴが毎年、送られるようになった。年に二、三回で、計二〇キロほど。時価一万円程度なので、あと八〇年余り送りつづけることになる。

牟礼村長選は、引退する村長の後継候補との一騎打ちとなった。元村議会議長の遠山秀吉・前助役である。寺島さんは「自分が勝てるとは思っていなかったが、村長選を通じていろんな問題提起をしたかった」と当時の思いを語る。牟礼村で村長選挙が実施されるのは、なんと二〇年ぶりのことだった。そのうえ候補者の一人が元共産党員の寺島さんとあって、小さな村は大騒ぎとなった。寺島候補は「村民参加の公平な村政の実現」を掲げ、一方の遠山候補は「村民と対話する村政の実現」を主張した。

村長選に出馬すれば、これまで以上の嫌がらせに晒《さら》されるのは寺島さんも覚悟のうえだった。しかし、告示日前夜に受けた仕打ちにはさすがに参ってしまった。自宅に無言電話の呼び出し音が鳴り続け、とうとう一睡もできなかったのである。また、いろんなデマが村中を駆けめぐり、散々、誹謗《ひぼう》中傷されてしまった。例えば「寺島が共産党をやめたというのはウソで、偽装離党だ」というものや「あいつは人間性に問題があって共産党を除名された」といった真逆のものまであった。

村長選の結果は、寺島さんにとって無残なものとなった。相手候補が三三七四票とったのに対し、寺島さんはわずか一四四八票に終わった。文字通りの完敗である。共産党も党を離れた候補ではなく、前村長の後継候補を全力で支援した。村の共産党関係者の中で寺島さんを応援してくれたのは、たった一人だった。その人も、党を離党したうえでの行動だった。初めての落選、それも想定以上の大敗に寺島さんは打ちのめされた。

落選後、さらなる不幸が寺島さんを襲った。耳が聞こえにくくなり、耳鼻咽喉科に通院することを余儀なくされた。医師の診断は「ストレスによるものでは」ということだった。無言電話の呼び出し音に悩まされ続けたことの結果かもしれない。

「負けるとみじめなものです。地域社会の端に追いやられてしまった感じで、ダメな奴だと烙印《らくいん》を押された感じでもありました。ひたすら百姓をしました」と、寺島さんは当時を振り返る。学生時代から政治活動で失敗したことのなかった寺島さんにとって、初めての大きな挫折といえた。五二歳の誕生日が近付いていた。

第三章　「飯綱町」ができるまで

ゴルフ場建設を巡り、村が二分

落選の失意に沈む寺島さんに「このまま引っ込んでしまってはまずい。まだ若いのだからもう一回やったらどうか」と、再起を促す人たちがいた。本人も「このまま途中で（村作りを）投げ出すのは無責任ではないか」と考えるようになった。

そのころ、地域の大きな課題として、牟礼村と三水村の合併問題が浮上していた。「合併特例法」に基づいて一九九九年から始まった「平成の大合併」という国策の大波が、ここ北信濃にも押し寄せていたのである。

「二つの村は盆地の中にあって、ひとかたまりなんです。それで、私は初当選の時から『三水と牟礼は合併すべきだ』と主張してきました。でも、牟礼には相手にされず、三水の住民にもなかなか理解していただけませんでした。『村松はムラを売るつもりだ』と、散々批判されました」

こう語るのは、八八年から四期一六年にわたって三水村の村長を務めた村松直幸さんだ。三水村は、ゴルフ場開発を巡って村内が二分するという苦い体験をもっていた。全国の自治体がリゾートブームに沸き、ゴルフ場やスキー場、温泉施設といった観光施設を競うように建設したバブル期のことである。当時の村長が「ゴルフ場に地域開発の夢を託す」と宣言し、業者のお先棒を担いだ。地権者などの合意のないまま、貴重な水源地をゴルフ場に提供する覚書を結んだのである。

こうした行政主導の乱開発に住民が怒り、反対運動が展開された。その運動を牽引したのが村松さんだった。当時、四七歳。行政経験もなく、議員でもない村松さんがゴルフ場建設にストップをかけるため、八八年七月の村長選に出馬することになった。それには、こんな経緯があった。

専業農家だった村松さんは、地元の農協青年部長を務めるほか、三水村長を務める叔父のいわば私設秘書でもあった。その叔父が在任中に交通事故死し、当時の助役が無投票でその後を継ぐことになった。二期目の村長選は収入役との一騎打ちとなり、激しい選挙となった。村松さんはどちらの陣営にも与《くみ》しなかったが、劣勢となった現職側から支援の依頼が再三寄せられるようになり、告示二週間前に選挙対策本部に幹部として加わるようになった。現職側は村松さんらの助言を受け入れ、選挙公約として「水を大切にする村政」

を打ち出した。これが奏功したのだろうか、再選を果たすことができたのである。

そんな村長が、二期目に入ってからゴルフ場開発に奔走するようになり、村松さんは黙っていられなくなった。水源の山にゴルフ場を作ることは水を汚すことにつながり、明らかに公約違反であるからだ。村松さんはゴルフ場開発に反対する「緑と水源を守る会」を結成し、その会長となった。

こうして三水村はゴルフ場建設の是非で揉《も》めに揉めることになり、八八年七月の村長選で雌雄を決することになる。推進派の現職村長と反対派候補の一騎打ちとみられた。いち早く動いていたのが地元の共産党で、有力候補の擁立に向けて準備を進めていた。これにゴルフ場開発反対の住民グループの中から「会長が立候補すべき」との声が上がり、村松さんに候補が一本化された。告示のわずか三週間前だった。

実を結ばない合併構想

こうした急展開に恐れをなしたのか、現職村長が突然、三選不出馬を表明し、代わりに助役が立候補することになった。村議はゴルフ場反対の二人を除き、全員が助役陣営についた。

選挙は激しいものとなった。村松陣営には共産党員も加わり、当時、隣の牟礼村の村議だった寺島さんも極秘にチラシ作りに協力したという。そんな内情が漏れ伝わったのか、自民党員だった村松さんは反対陣営から「あいつは共産党の候補か」と激しく攻撃されたという。結果は、二二〇票という僅差《きんさ》で村松さんの初当選となった。

行政経験のない村松さんは、四七歳の若さで三水村長になった。しかも、議会はいわゆる圧倒的少数与党だった。しかし手腕を発揮し、ゴルフ場建設をストップさせたうえで、村政改革を進めていったのである。

「同じような公共施設を近隣自治体が競うようにもつのは愚の骨頂」と言い切る村松さんは、その後も村政改革を推し進めていった。車で三〇分圏域に同じような公共施設は作らないと宣言し、村民に近隣自治体の施設の活用を求めたりもした。それもこれも、限られた税金（公金）を地域住民のためにより効率的・合理的に活用するためだった。村松さんは「民間企業や個人ができないことを、行政が税金を使ってやるものだ」と語る。そして、「行政があれもこれもやってくれるものだという住民の意識もおかしい」と明言する。

そんな村松さんからすると、三水と牟礼の合併は至極当然のことに思えた。もちろん、「平成の大合併」という国策を意識したものではなく、合併特例債といった国が提示した優遇策をあてにしたものでもなかった。狭いエリアで自治体が競い合うように存在し続けることの不合理さを、痛感していたからだ。

三水と牟礼の二村は鳥居川を挟んで隣接しており、以前からあらゆる面で結びつきが強かった。昭和三〇年代から病院を共同経営し、中学校や消防、し尿やごみ処理など八つの事務を共同で実施していた。地形的な特徴や生活圏の重なりなどから、合併により行財政の強化が図れる地域とみられており、実際、過去に何度も合併話が持ち上がっていたが、実を結ぶことなく時が過ぎていた。

「牟礼の村の衆は『三水のような貧乏村とは合併したくない』と思っていたようだ。しかし、地力は三水の方があった。三水は決して貧乏村ではなかった」と、村松さんは語る。

また、旧三水村のある職員は「人間は、南に関心が向くものだと思います。三水にとっての南は牟礼ですが、牟礼にとっての南は長野市です。牟礼の人たちは北に位置する三水には関心を持てなかったのだと思います」と、含蓄ある分析をしてくれた。

牟礼と三水はともにリンゴやコメを主産品とする農業の村だったが、牟礼にはスキー場やゴルフ場、温泉といった観光施設があった。いずれも村の第三セクターが運営するもので、牟礼村民にとって自慢の施設でもあった。自分たちの村の方が、観光施設をもたない三水より格が上だといった意識が、無意識のうちに広がっていたのである。

「平成の大合併」という国策と、二村の温度差

このまま三水の片思いに終わるかと思われたが、「平成の大合併」という国策が事態を動かすきっかけとなった。

地方分権の時代を迎え、基礎自治体は行財政基盤の強化を国に迫られた。その手法の一つとして近隣自治体との合併を国に事実上、強要された。一九九九年から改正合併特例法が施行され、全国の自治体に地方交付税の縮減というムチと、合併特例債というアメが示された。「平成の大合併」の始動である。

二〇〇二年一二月に牟礼村と三水村による「任意合併協議会」が発足し、二村による合併協議がスタートした。客観的には理想の組み合わせとみられており、合併協議はスムー

スに進むと思われた。行政の効率化など合併効果が様々な分野で期待できると思われていたからだ。ところが、そんな第三者の予想を大きく覆す波乱万丈の協議となった。二転、三転し、土壇場までどう転ぶか全く予断を許さない展開となったのである。

当時（二〇〇一年度）の二村は、それぞれこんな状況だった。

人口は牟礼村が約七五〇〇人、三水村が約五五〇〇人。面積は約四〇平方キロと約三五平方キロ。普通会計の収入総額は約四二億円と約三一億円、地方債残高から積立金残高を差し引いた純債務額は、牟礼村が約二八億円に対し、三水村は約二一億円。財政力指数は〇・三三三と〇・二〇五だった。また、それぞれが合併しなかった場合のシミュレーションを見ると、行政のサービス水準を継続した場合、今後一五年間で牟礼村が約三八億円の赤字が見込まれるのに対し、三水村は約二〇億円の赤字とされた。三水村の方が手堅い財政運営を行なっていたのである。

合併協議を進めるうちに、二村内の温度差が鮮明になっていった。合併に積極的な三水村に対し、牟礼村は消極的、ないしは懐疑的な住民を多数抱えていた。村内は三水村との合併推進派だけでなく、単独路線派や長野市との合併派もいた。住民の意見は三分されており、意見統一は容易ではなかった。そんな状況下で、牟礼村の三水との合併推進派以外の住民たちが、ある問題を盛んに指摘するようになった。三水村の水道事業の経営状況についてだった。

水にやや恵まれない三水村は水路の改修などに費用を要するため、水道事業の経営状況が今一つだった。約一三億円の借金を抱えたうえ、水道料金は月四一七〇円（二〇立方メートル）で、牟礼村の三一七〇円より一〇〇〇円も高い。にもかかわらず、水道会計には一般会計から毎年約四〇〇〇万円もの繰り入れがなされていた。牟礼村の住民から不安視する声が上がるようになり、三水村の水道事業が合併後の財政運営に多大な影響を及ぼしかねないと指摘し、合併反対の理由にしたのである。なかには、牟礼村の水道料金が合併後、大幅にアップされるのではないかと心配する人までいた。

合併反対の論陣を張った一人に、寺島さんがいた。寺島さんは村長選の二年後（二〇〇三年四月）に実施された村議選に無所属で出馬し、上位当選で議員に返り咲いていた。どこも合併しない自立路線を志向していた寺島さんは、三水村との合併にも反対だった。

置き去りにされた重大問題

三水村の水道事業経営問題が合併協議の最大の争点となって浮上し、三水村側は経営改善の説明に追われることになった。そして、合併前に三水村が四億六〇〇〇万円の借金を繰り上げ償還すること、合併後五年間は牟礼と三水の水道料金を別建てとし、六年目から牟礼の料金に統一することなどで合意できたのである。

「私は、水道事業についてあえて反論しなかった。三水村は先に投資している分、負債が多かっただけで、牟礼も今後、投資が必要になってくる。いずれ牟礼の人にも必ず（三水の水道事業に問題がないことが）わかると思っていました。それに、私は合併するのが必然だと考えていましたので、条件や事務事業のすり合わせなどで（合併是非を）判断する段階ではないと考えていました」

こう語るのは、当時、牟礼村との合併協議に臨んだ三水村の村松村長だ。

しかし、シングルイシューに関心が集まってしまうと、別の大事なものを見落としてしまいがちである。二村の合併協議がまさにそれだった。水道事業以上に切迫し、かつ、理不尽な住民負担を強いることになる重大問題が、完全に置き去りにされていた。水道事業問題の陰に隠されてしまったのである。

実は、牟礼村も、合併後に間違いなく地域の課題となる案件を抱えていた。第三セクター方式による観光事業、飯綱リゾートスキー場の経営問題（第四章で詳述）である。スキー人口減少の影響などから、同スキー場は二〇〇三年度に一五億円近い累積赤字を抱えていた。金融機関からの長期債務も膨れ上がっており、牟礼村は多額の損失補償をしていた。任意合併協議会が設立される前の〇二年三月に、牟礼村議会が可決成立させていたのだ。寺島さんが村長選に落ち、失意の日々を送っていたころである。

牟礼村の三セクの経営が厳しいことは三水村も承知しており、合併協議の場（二〇〇三年六月一〇日）で取り上げられた。状況を説明したのは、三セク会社の常務取締役として出向中の役場職員、峯村勝盛さんだった。

「八十二銀行がメーンバンクで、八〇〇万円の返済で四〇年、四五年かかって返済をしていただければいいでしょう、という結論になりました。単年度をなんとか八〇〇万円返して、回転をさせていく経営を成り立たせれば、スキー場は存続していける」という発言に、誰もがホッと胸をなでおろした。三セク問題の協議はその一回のみだった。当時、会場で説明を受けた村松さんは「私はそれを信用してしまった」と振り返る。経営状況などの情報がきちんと開示されぬまま、合併実現という大きな流れの中に紛れていってしまったのである。

村松さんは合併前の〇四年七月に四期目の任期を満了し、引退した。C型肝炎になり、体力的にも限界となっていた（その後、新薬が開発されて完治した）。そのあとを村議の小柳伸一さんが引継ぎ、無投票で三水村の村長となった。なお、村松さんは村長引退と同時に、長年所属していた自民党を離党した。新自由主義的な党の政策に納得できなくなったからだという。

合併協議の土壇場で、大どんでん返し

二村の合併協議の主戦場は、牟礼村議会へ移っていった。牟礼村議は賛成派と反対派に真っ二つに割れ、激しい舌戦を繰り広げた。議論は過熱し、どうにも埒《らち》があかない状態に陥っていった。二村の行政関係者は焦りを募らせるばかりとなった。二〇〇五年三月三一

日までに合併申請しないと、合併特例債などの手厚い財政措置は受けられないことになっていたからだ。白黒をつけねばならない時が刻々と迫っていた。

牟礼村の遠山村長は住民投票で直接、民意を問うことを決め、〇四年六月に住民投票条例案を議会に提出した。結果は賛成が八、反対が七という僅差での可決となった。こうして、同年七月二五日に住民投票が実施された。合併の枠組みなどを問うもので、「三水村との合併」「自立（合併しない）」そして「長野市との合併」の三択。投票率は七一・三五％にのぼり、牟礼村民の民意が初めて明確に示された。三水が二二〇八票（四八・九％）、自立が一四八〇票（三二・八％）、長野市が八二七票（一八・三％）というものだった。

住民投票の結果を受け、牟礼村と三水村の協議は法定合併協議会へと移った。話し合いは順調に進み、合併期日（二〇〇五年一〇月一日）と、飯綱町という名称も決定した。住民説明会も開催され、合併協定書への調印も滞りなくすんだ。あとは二村議会での合併関連議案の可決を待つだけとなり、これで一件落着するものと思われた。

〇五年三月八日、両議会で三月定例会が開かれ、三水村議会は全会一致で可決。牟礼村議会もそれに続くはずだった。ところが、土壇場で大どんでん返しが起きたのである。

牟礼村議会（定数一六、欠員一）での採決は、なんと賛否同数（七対七）。議長裁決にもつれ込み、議長の判断はノー。合併関連議案は否決されたのである。議長の判断は、「可否同数の場合、現状維持を原則とする」考え方に基づくものとされた。否決に驚愕した遠山村長は再度、住民投票で決着させようと住民投票条例案を提出したが、これも賛否同数の末、議長裁決で退けられた。牟礼村内は大混乱となった。

紆余《うよ》曲折を経て「飯綱町」誕生

合併賛成・反対の双方の議員らがチラシを作成し、自分たちの行動の正しさを主張した。合併賛成派の中心人物だった原田重美議員は「反対派は三水の水道問題の一点で合併に反対した。いたずらに最悪の事態を強調して住民の不安をあおっていた」と、当時を振り返る。合併賛成派議員らが配ったチラシには「三水村民の心を踏みにじるなど民意を宙に浮かせた事態は、地域づくりにおける歴史的な判断ミスであり、暴挙としかいいようがありません」といった文が綴られていた。

また、原田重美議員はこんな話も披露してくれた。

「あのころ、三水で開かれた田中康夫知事（当時）の車座集会に参加して、『牟礼と三水の合併をどうお考えですか』と尋ねたことがあります。そうしたら、（平成の大合併に否定的だった）田中知事も『二つの村の合併は理想的だと思う』と答えました」

合併確定を心待ちにしていた三水村側にすれば、牟礼村議会によるまさかのちゃぶ台返しである。怒りと落胆、虚脱感が村内に広がった。自分たちがとりうる手はなく、自立するしかないと考える村民も現れた。

二村合併の確定は仕切り直しとなり、三月中に予定されていた牟礼の村長選と村議補欠選挙の結果に委ねられることになった。三水側はじっと待つしかほかに術《すべ》なしとなった。

最後の総力戦が牟礼村内で繰り広げられ、ともに合併推進派の圧勝に終わった。三月二五日に牟礼村臨時議会が開催され、合併議案は全会一致で可決された。

こうしたドタバタを経て、牟礼村と三水村は三月二九日に合併申請書を提出し、合併特例法の適用期限内に滑り込むことができた。締め切りのわずか二日前で、なんとか「平成の大合併」に間に合ったのである。二村は二〇〇五年一〇月一日に正式に対等合併し、新たに飯綱町としてスタートした。旧牟礼村庁舎がそのまま飯綱町役場となった。そして、一〇月三〇日に町長選と町議選が同時に実施されることになった。

町長選は旧二村の村長が立候補し、一騎打ちとなった。ともに合併にともなう任期途中での失職で、二人とも首長在任期間は短かった。町長選は合併協議と同様、旧二村の間で激しいせめぎ合いとなり、投票率は八一・六七％にまで達した。結果は、旧牟礼村長の遠山秀吉氏が五二九三票を獲得し、旧三水村長の小柳伸一氏を一九七七票差で退けた。旧二村の有権者数がそのまま反映されたといってよいだろう。旧三水村長の村松さんは「合併直後の選挙に出るべきではないと伝えたのですが……」と当時を語る。

「寺島議員」の再スタート

一方、町議選は定数特例や在任特例を使わずに実施された。旧二村ともに定数一六で合計三二だった議員数は、合併後、一八に減った。このため、出馬を断念する旧二村の村議が相次ぎ、立候補者は二二人にとどまった。旧牟礼村から九人、旧三水村から九人が当選した。旧二村で議席を仲良く分け合うかたちになった。

新たに誕生した飯綱町議のうち、旧村議からの横滑り組は一三人で、新人は五人だった。

さらに合併に反対した旧牟礼村議のうち飯綱町議選に当選したのは、わずか三人だった。その一人が、寺島さんである。

なお一八人のうち、無所属は寺島さんを含め一五人。ほかに共産党議員が二人（旧牟礼村と旧三水村から一人ずつ）と公明党議員が一人だった。

こうして飯綱町の新体制がスタートしたが、合併に反対した三人の議員に注がれる視線は冷たかった。なかでも旧牟礼村で議員を通算四期務め、村長選への出馬経験のある寺島さんは、またしても散々な言われ方をされた。選挙前には「合併に反対しながら町議選に出るなんておかしい」と陰口を叩《たた》かれた。「（牟礼村で）合併議案を潰した黒幕」と見なされていたからだ。当選後も「あいつが飯綱町議員になるなんておかしい」という批判の声が鳴りやまず、旧三水村出身者が議長ポストについた飯綱町議会で、徹底的に排除されることになった。副議長には合併是非をめぐって対立した原田重美さんが就任した。

寺島さんは経験や実績のある議員ながら何の役職も与えられず、孤立無援の状態に置かれた。約二年の間、積極的に動くこともできず、またしてもじっと耐える日々が続いた。

こうして寺島さんが議会内で冷やかな視線を浴びている間、華々しくスタートした飯綱町に大事件が勃発した。合併協議の際、一時、懸念材料となった旧牟礼村の第三セクター「飯綱リゾート開発（株）」（以下、三セク）の経営破綻である。

第四章　どん底からの出発

暗雲垂れ込めるスキー場経営

牟礼の住民が地域の宝物のように思っているのが、「いいづなリゾートスキー場」である。長野県地域開発公団が別荘分譲地として開発した飯綱東山麓の目玉施設として、一九八一年に開発されたものだ。スキー場の運営は、民間（七〇％）、長野県地域開発公団（一五％）、牟礼村（一五％）の三者の出資による第三セクターが行なった。民間主導型でのスタートだった。

ところが、地域の期待を背負ってオープンしたスキー場は当初から赤字続きとなり、八九年に民間会社がスキー場からの撤退を表明した。このため、長野県地域開発公団（三五％）と牟礼村（二五％）が中心となって新たな第三セクター「飯綱リゾート開発」を設立し、スキー場を存続させることになった。〝スキー場経営のカリスマ〟と呼ばれる人を社長に招聘《しょうへい》し、黒字転換を図ったが、経営方針をめぐる意見の相違や人件費の削減などから、九五年に民間出身の社長を解任した。その後は牟礼村村長が社長職につくことになったが、実質的な経営は長野県地域開発公団からの派遣役員があたることになり、専門家不在の経営体制になった。三セクは村内のゴルフ場や温泉施設の運営も行なっていた。

しかし、スキー場の経営が好転するはずもなかった。九二年ごろをピークにスキー人口は大きく減少しており、県内のほかのスキー場と激しい客の奪い合いとなった。バブル経済は崩壊し、景気は長期低迷、そこに雪不足も加わった。素人経営のスキー場は、空《むな》しく赤字の山を大きくするばかりだった。

それでも長野県地域開発公団と牟礼村は三セクへの公的支援を繰り返し、三セク側もそれに依存した。スキー場が村の観光事業の中核であり、別荘販売や地域経済に大きな影響を及ぼす存在になっていることなどが、三セク支援の理由とされた。スキー場を存続させることが常に大前提となっていたのである。それはとりもなおさず、行政が積極的に関わることを意味した。

こうした姿勢を、村議会も追認し続けた。三セク方式による経営の弊害はすでに顕著となっていたが、行政も議会もじっと目をつぶったままだった。そうした経営実態の詳細を、住民は知らされずにいた。

「合併問題」と「三セク押し付け」が同時並行

三セクは、二〇〇一年時点で九億円を超える債務超過となっており、事実上、経営破綻していた。そんな会社を存続させていたのは、県と村の公的支援と金融機関などからの借入金だった。このうち借入金残高は約一六億円にも達し、個人保証となっていた。村は顧問弁護士を中心に再建計画を〇一年七月にまとめ、経営改善に着手した。公団と村による七億円の資金注入が決まり、借入金の利子減免や施設賃貸料の見直しなども行なわれた。そして、それまでの個人保証を村の損失補償にする手続きも進められた。村はそのための補正予算を〇二年三月議会に提出した。議会もこれを追認し、三セクの借金を村が将来、肩代わりすることもありうる形となった。もちろん、そのような事態が実際に起こることなどありえないと、誰もが勝手に思い込んでいたのである。

さらに村は、〇四年に、ある民間人を三セクの社長に招聘し、経営の刷新を図った。顧問弁護士の紹介によるもので、「企業再生の経験者」との触れ込みだった。紹介された村の助役は新社長の手を握り、涙を流さんばかりに喜んだという。まるで救世主を迎え入れたような受け止め方だった。

牟礼村が三セクの経営改善に取り組み出したのは、お尻に火がつく状況となっていたからでもある。一つは、三水村との合併協議である。そして、もう一つが、それまで経営の中枢にいた県の地域開発公団の廃止・撤退の動きだった。

長野県は〇二年に「外郭団体の見直し」を実施し、〇四年度をもって地域開発公団を廃止することを決定した。つまり、県は〇五年三月末をもって三セクから手を引くことになったのである。有無を言わせぬ決定だった。筆頭株主の県におんぶに抱っこされてきた牟礼村が、突然、すべてを任されることになった。

しかし、さすがに県も、経営破綻状態の会社をそのまま牟礼村に押し付けるのもどうか、と考えたのであろう。牟礼村との間で、公団が持っていた三セクの全株、リフト三基などの無償譲渡と、ゴルフ場を五〇〇〇万円で売却するとの覚書を取り交わした。また、再建計画で合意した七億円の資本注入についても、公団が八割、村が二割とすることでまとまった。いってみれば、県からの手切れ金である。こうした長野県、牟礼村、三セクの交渉は、牟礼村と三水村が合併問題で大揺れとなっていた時に行なわれていた。牟礼村は、いわば、結婚と離婚の交渉を同時に進めていたのである。

町が銀行に訴えられる!

二〇〇五年四月から牟礼村(のち飯綱町)が筆頭株主(六〇%で、その後八七%)となり、三セクの再建を目指して債権者や金融機関との交渉にあたることになった。といっても、実際には顧問弁護士に丸投げされ、村が主体的に動いたわけではなかった。村の依存体質に変化はなく、依存する相手先が県から顧問弁護士に変わったにすぎなかった。これがその後、大きな災厄を地域に呼び込むことにつながった。

再建計画を作成した顧問弁護士は、村や三セクの委託を受け、関係団体などとの交渉にあたった。地元の八十二銀行に対して「債権放棄」や「返済期間の延長」などを求めたが、その交渉の仕方や高圧的な態度が相手側を刺激し、交渉先との関係は急激に悪化した。

不信感を募らせた八十二銀行側は、強硬手段に打って出た。長野県が、覚書に基づいて三セクの口座に四億円を振り込んだところ、八十二銀行がその金をすぐに引き落として、返済期限切れの貸付金の回収に充てたのである。これに驚いた三セクと牟礼村は八十二銀行側に強く抗議し、さらに、残りの借入金の返済を中止すると通告した。こうして、八十二銀行との交渉は完全に暗礁に乗り上げてしまった。

一方、三セクは〇五年七月、長野県地域開発公団に対し損害賠償請求訴訟を起こした。強気一辺倒の顧問弁護士の主導によるもので、「公団役員が土地・建物の賃料減額交渉を真剣に取り組まなかったことにより、三セクが損失を受けた」などといった訴えだった。公団が解散する前の駆け込み提訴で、公団の経営責任を認めさせて損害賠償金を引き出したい、という思惑が見え隠れした。こうして、県との関係も悪化していった。

牟礼村が三水村と合併し、飯綱町になってからも事態は一向に変わらなかった。しびれを切らした八十二銀行は、〇六年三月一七日、飯綱町と三セクを相手に貸付金返還請求訴訟を起こした。三セクと損失補償している飯綱町に貸付残金の一括支払いを求めたもので、その額は四億三五九〇万円。飯綱町の〇六年度の一般会計当初予算は約五六億円なので、その一割近くにあたる。自治体が銀行に訴えられるという前代未聞の出来事で、しかも、請求された借金返済額も半端ではなかった。

顧問弁護士に任せきりにしていた飯綱町は、思いもしなかった展開にびっくり仰天した。

そして、誰もが「まさか町が銀行に訴えられるなんて……」と狼狽《うろた》えた。最悪の場合、スタートしたばかりの町の財政が破綻しかねないと、危機感を募らせたのだった。

怒号が飛び交う住民説明会

飯綱町は全面的に争ったが、判決（二〇〇六年一〇月三〇日）は、八十二銀行の主張をすべて認めるものとなった。旧牟礼村が八十二銀行などとの間に損失補償契約を結んでいたため、飯綱町は結局、約八億円（他の金融機関分を含む）を支払わねばならなくなった。町の信頼を失墜させたばかりか、町民に多額の負担を負わせる未曽有の事態を引き起こしてしまったのである。詳細を知らされずにいた町民は当然のことながら、憤激した。なかでも、合併協議で「心配はいらない。大丈夫だ」と説明されてきた旧三水村の住民の怒りは収まらなかった。

衝撃の敗訴から二週間が経過し、飯綱町は控訴しないことを決めた。そして、顧問弁護士との関係を断ち切り、三セクの社長も退任となった。長野県地域開発公団を訴えた裁判も取り下げることになった。そもそも訴えに説得力がなかったからだ。その後は、遠山町長自らが八十二銀行との交渉にあたることになった。その結果、判決で支払いを命じられていた損害遅延金を、年率一四％から数％に減額してもらえることになり、さらに、支払いも一括から七年の分割払いにしてもらえることになった。こうして最悪の事態はどうにか避けられることになったが、住民の税金が借金返済の原資に充てられることには変わりなかった。

住民への説明会は、〇六年一二月五日から、町内六か所で始まった。

「怒号が飛び交う、それはもう大変な説明会でした。町長ら三人は長時間、説明と弁明に追われていました。三時間はかかったかと思います」

当時の様子を語るのは、旧三水村の住民だ。

旧三水村地区で開かれた住民説明会には、旧三水村の元幹部たちも顔をそろえた。皆、怒り心頭の形相だった。冒頭、遠山町長、高野義文助役、峯村勝盛総務課長の三人が、謝罪と現状報告と借金の返済計画、それにスキー場の再建計画などについて説明した。会場からは質問や意見、批判が止まらなかった。「合併協議での説明では問題なしだった。全く話が違うではないか。我々をだましたのか！」「今後、どういう経営をしていくつもりなのか」「住民サービスに悪影響を及ぼすようなことはやめてくれ」「これまできちんとした説明がなされていなかった」「弁護士に任せっきりにするから、こんなことになったんだ」などなど。

町長らの責任を厳しく追及する声や、スキー場からの即時撤退を求める声が相次ぎ、三人はひたすら頭を下げた。そんな遠山町長に対し、会場に駆け付けた旧三水村長の村松さんが「合併の時の説明と全然違うではないか。親分は何のためにいるんだ。責任を取るためにいるのではないか。これだけの損失を出しておいて、謝ればすむというものではないだろう」と、辞任を迫ったのである。

住民の怒りの矛先は議会にも向いた。チェック機能を果たさず、単なる追認機関でしかなかったことが明らかだったからだ。議会の存在意義を厳しく問う声が鳴りやまなかった。

「町が食いものにされた」

住民説明会は、なんとか終了した。八十二銀行への第一回目の支払い分（約一億三〇〇〇万円）を盛り込んだ補正予算が成立すると、助役と収入役が敗訴の責任をとって辞表を提出した。そして、遠山町長も給与を半年間、五〇%カットすることになった。その後も、赤字を垂れ流す三セクのスキー場をどうするかが、飯綱町の最大の課題となった。

だが、三セク「飯綱リゾート開発」の経営改善は進まず、飯綱町は会社を清算することを決断した。そして、二〇〇九年七月の臨時株主総会で解散が正式決定し、特別清算されることになった。負債総額は約九億七〇〇〇万円で、町などが多額の債権を放棄することになった。また、町（村）がこれまで行なってきた公的支援は約九億円（このうち出資金が一億二〇〇〇万円）にのぼった。町は「スキー場を存続させる」「財政支援は行なわない」「経営に対する町の権限・責任は保持する」の三原則をたて、新たに設立される民間会社への事業譲渡を模索した。そして、〇九年一二月から新会社「飯綱東高原観光開発合同会社」によるスキー場の運営が開始される運びとなった。町は新会社から賃借料などの納付金を取り、八十二銀行などへの返済に充てることになった。といっても納付金の額は年一〇八万三〇〇〇円にすぎないが……。

「この裁判には勝てないから、『八十二銀行に謝罪して、和解するしかない』と主張し続けたのですが、町長は『弁護士は勝てるといっている』の一点張りでした」

合併後の飯綱町議になっていた寺島さんは、八十二銀行との訴訟についてこう語った。そして、法律に詳しくない町長や職員が、顧問弁護士の言いなりになっていたと指摘する。行政が直面した課題に対し、自ら考えて判断せず、専門家に丸投げしていたというのである。もっとも、それは議会も同様だった。

寺島議員はこんな指摘もした。町は顧問弁護士に完全に見くびられ、高額な報酬を相手の要求通りに支払っていたというのだ。三セクからのコンサルタント料なども合わせると、六年間で二七〇〇万円以上（八十二銀行との裁判の着手金約六〇〇万円を除く）にのぼったという。しかも、敗訴後は遠山町長が八十二銀行と直接、減額交渉したにもかかわらず、顧問弁護士は数百万円の成功報酬を町に請求していた。三セクへの請求額と合わせると、総額は一六〇〇万円余りにのぼった。また、救世主のように迎えられた民間出身の社長は二年半の在任で終わったが、その間、三セクは約七〇〇〇万円もの赤字決算を記録していた。

こうしたことから、寺島さんは「二人に町が食いものにされてしまった」と憤るのだった。遠山町長も〇六年一二月の臨時議会で寺島さんの質問に答え、こんな思いを吐露した。

「弁護士と社長に食いものにされたというようなことは、確かに、今になればその通りです。私は法律家というものは正義の味方だと今まで考えておりましたから、その点では見抜けなかった事は事実でございます。結果で見れば、丸投げ致しましたというような事につきまして、私は誠に今になって反省致しておるわけでございます」

「町議会を変えたい」という決意

町が食いものにされたというのは、否定できない事実であろう。しかし、食いものにされたのは町ではなく、住民であり、税金である。また、食いものにされた最大の要因は、町そのものにあったと言わざるを得ない。当事者意識と当事者能力を持っていない行政が、民間企業が撤退した事業をズルズルと継続させていたことが、問題の根本にあるからだ。

寺島さんはその後、顧問弁護士への懲戒処分を長野県弁護士会に申し立てた。二〇〇七年一月のことだ。一連の行為が弁護士倫理や「弁護士職務基本規定」などに反するとし、処分を求めたのである。県弁護士会は〇九年一〇月、寺島さんの申し立てを認め、顧問弁護士を戒告処分とした。町や三セクに一六〇〇万円余りの報酬を請求したことは「弁護士法五六条一項に該当する品位を失うべき非行」と認定したのである。これを不服とする顧問弁護士が日本弁護士連合会に長野県弁護士会の処分の取り消しを求める審査請求を行なったが、請求棄却となり、顧問弁護士への戒告処分が確定した（二〇一〇年八月一六日）。

だが、三セクの経営破綻の責任は議会にもあった。町（村）が幾度となく実施した公的支援も損失補償契約も、すべて議会の議決を経ているからだ。議会が監視機能を働かせていたら、事態は変わっていたと考えられる。単なる追認機関にすぎなかった議会・議員に対し、住民の批判が強まるのも当然のことで、その責任が問われずにすむはずがなかった。

まともな議会を作りたいと考え続けていた寺島さんは、これをきっかけにして「飯綱町議会を変えたい」と思い立った。住民が議会に対して厳しい視線を注いでいる今こそが、議会を変える最大のチャンスと考えたのである。否、この機会を逸してしまったら、本来の役割をきちんと果たす議会に生まれ変わることなどできないとさえ、思い詰めたのだった。戦略を一人で練りに練ることになった。

議会改革のスタート

飯綱町議会の正副議長などの役員改選が二〇〇七年一一月に実施され、議長に旧三水村出身の相澤龍右さんが就任した。副議長は旧牟礼村出身の島崎勲さんで、初代と同じ地域割りとなった。一方、二年間干されていた寺島さんは、三セク問題に関する議会での追及などが評価されてか、念願のポストに就任することができた。議会運営委員長である。任期はいずれも二年間だった。

議運の委員長になった寺島さんは、間髪を入れず、議会改革の必要性を強く訴えた。その迫力に圧倒されてか、異を唱える議員は一人もいなかった。しかし、議員によって改革への温度差があるのは明らかだった。議会改革の意味をしっかり理解していないと思われる議員もいた。寺島さんは当時をこう振り返る。

「名誉欲やカネ目的だけで議員になっているように思える人もいて、相当勉強しないと議員個々の意識は変わらないと思いました。でも、相澤議長が議会改革に前向きだったので、よかったです」

寺島さんは議会改革への道筋をこう描いていた。

まずは現状分析の徹底である。それも議員による自己分析ではなく、住民が議会・議員の現状をどのように見ているか、何を期待しているかを明らかにすることだった。そのために全戸配布の「議会だより」を通じて町民アンケートを実施した。そして、目指すべき議会像の明確化と、それを具現化させるための改革課題の整理を行なった。この二点は、議員の学習と自由討議を積み重ねることで絞り込んでいった。つまり、「初めから結論ありき」でもなければ、「議会改革の先進事例を真似する」ものでもなかった。

寺島さんがなによりも重視したのは、学習と自由討議だった。結論ではなく、プロセスを大事にするという考え方を持っていたからだ。学生時代の経験に基づく、彼の持論とも信念ともいうべきものだった。「人は学ぶことを通して物事への認識が変わり、成長していく」「自由な意見交換が活発になされ、それを積み重ねていくことで認識や理解が深まる」という認識である。

さらにもう一点、議会改革の取り組みを進めるうえで寺島さんが大原則としていたことがあった。議会改革における取り決めは多数決で決めるのではなく、全会一致を原則とした。数の力で押し切るようなことはせず、話し合いによる合意形成をなによりも大事にしたのである。

町民アンケートへの辛辣な回答

では、飯綱町議会の議会改革の取り組みを具体的にみていこう。

飯綱町議会は、二〇〇八年二月に議会改革に関する町民アンケートを実施し、一七三人から回答を得た。町民が現在の議会や議員をどう評価しているか、初めて明らかになった。

それによると、「(議会の活動が) 住民の意見を反映していますか?」との問いに対しては、「反映していない」が一〇九人 (六三%)、「反映している」が三三人 (一九・一%) だった。また、「議会の現状に満足していますか?」との問いに対しては、「あまり満足していない」が九四人 (五四・三%)、「全く満足していない」が三八人 (二一・九%)、「ある程度満足している」が三五人 (二〇・二%)、「大いに満足している」はわずか五人 (二・九%) にすぎなかった。議会の現状を否定的にみている町民が、七六%以上にのぼったのである。

議会の現状に満足していない理由を具体的に尋ねた設問では、「議会活動が住民に伝わっていない」が六七人、「住民の声を行政に届けていない」と「議会の政策立案能力が低い」がともに六四人、「議員のモラルが低い」が五七人、「行政のチェック機能を果たしていない」が五六人という結果で、町民が議員活動に厳しい評価を下していることが鮮明になった。三セク破綻で町民の議会への不信感が募った時期とはいえ、議員らは、自分たちが予想していた以上の辛い評価に打ちのめされた。しかし、こうした現実から目を逸《そ》らすことはもはや許されなかった。

アンケートは、町民に設問に答えてもらうだけでなく、議会や議員への意見を募っていた。回収されたアンケート用紙には様々な意見や注文が綴られていた。

例えば、議員活動については「住民とのコミュニケーションが不足している。日常的に住民と対話を」といった指摘や「議員はもっと勉強すべきだ」といった率直な意見も寄せられた。また「広い視野で町全体の発展を考えてほしい」「地域への利益誘導はやめる。気概と危機感をもち、報酬に見合う議員活動を」という注文もあった。議員の政策活動への要望としては「行政施策のチェック強化」や「行政のレベルアップと効率化」「町民との懇談、議論のなかから政策の立案を」といった声が寄せられた。また「職員の専門性発揮と議員の政策立案能力の向上が今後の町発展のカギ」と議会の重要性を訴える意見もあった。

なかには、議会のみならず行政の問題点をも鋭く指摘したうえで、町長と議員を叱咤《しった》激励するものもあった。行政と首長・議会、それに住民の三者の関係性の本質を突く秀逸な意見といえる。長文だが、その一部を紹介したい。

「今の行政の一番の問題は、一番基本的な仕事であるはずの各種議論ができない（議論を通じて良い案をまとめようとしない）。議論に必要な資料を作る能力が極端に不足している。大金を払い外部を使って企画案を作り、それを消化しないままで仕事をしたと思っている。スケジュール管理ができない、幹部に部下を教育する態度が見られない（幹部に問題意識が全くない。甘い環境に浸りきりのため批評されている内容すら理解できない様子）、立案能力が不足（にもかかわらず能力向上のための方策が見えない）。これらを体系的にかつ、根本的に直すことができるのは、町民から選ばれた町長と議員しかいないと考えます」

役割をきちんと果たせない議会が行政の劣化をもたらしていると、当時の飯綱町の実態をズバッと指摘したのである。また、町民は議員だけでなく、行政すなわち町職員の仕事ぶりにも納得できずにいたのだ。もっとも、それはなにも飯綱町に限った話ではないだろう。議会や行政が本来のあるべき姿から遠くかけ離れてしまっているのは、全国の自治体に共通する現象といえる。そうした改善すべき状況が今なお放置され、より疾病をこじらせてしまっている自治体も少なくない。日本の地方自治体に広く蔓延《まんえん》している、一種の風土病といってよい。

議員による学習会

飯綱町議会は町民アンケートを実施すると同時に、議員による学習会を開くことにした。提案したのは議会運営委員会の寺島委員長で、反対する議員は一人もいなかった。町議選が近付いていたこともあり、さすがに「勉強なんかしたくない」とは言いにくかったのかもしれない。こうして、議会初の試みである学習会に議員一八人全員がそろって参加することになった。それだけでも画期的なことといえる。土地柄なのか、根は真面目な議員が多かったのである。

学習会の準備や運営は、言い出しっぺである寺島さんが担当することになった。これについても異論はどこからも出なかった。

議会改革に関する学習会は、まず議会運営委員会メンバーだけで始めることになった。寺島さんが議会改革に関する学者の論文や先進事例（北海道栗山町議会、三重県議会、三重県鳥羽市議会など）のレポートを資料として集め、各議員にそれらを事前に配付した。予《あらかじ》め資料に目を通してもらうためで、さらにある秘策を施した。

それは、各議員が学習会で単なる聞き役に回ってしまうことを避けるための方策だった。よくある識者の講演会のように、一方通行の話を聞いたうえでの質疑応答だけでは、議員個々の認識はあまり深まらないと考えたのである。そこで、配付した資料ごとにチューター役の議員を決め、学習会での説明を担当議員に任せることにした。寺島さんが学生時代に仲間たちとの学習会でよくやっていた方式だった。資料説明の時間は一人五分間とし、説明を受けたあと各議員が自由に意見を発表し、議員同士の討論に移るのである。

こうした学習会の進め方を採用したことで、議員は準備なしで学習会に参加することも、沈黙したまま終了時間を迎えることも不可能となった。もちろん、居眠りなどできるわけがない。寺島さんは議員一人ひとりが学習会にお客さまとして顔を出すのではなく、当事者として積極的に参加せざるを得なくなるように、知恵を絞り、細工を施したのである。

各自に課題を出すやり方についても、議員からこれといった異論は寄せられなかった。

「それぞれの腹の中はともかく、皆で進めることには反対しにくかったのではないかと思います。取り組みの姿勢には議員個々に大きな差がありましたが、それでも欠席者は毎回、ゼロでした」

と、寺島さんは振り返る。面と向かって「やりたくない」と口にした議員はいなかったという。

議会改革の大方針が確定

しかし、勉強意欲に乏しい議員や議会の役割を曲解している議員、さらに自分の本業に力を入れている片手間議員にとって、学習会や自由討議は苦痛や負担以外の何ものでもなかったと推測する。議員としての見識や能力を容赦なく問われ、徹底的に吟味されるに等しいからだ。途中で逃げ出す議員が現れなかったことの方が、むしろ驚きである。

議会運営委員会での学習会は七回、計一五時間に及んだ。その後、三つの常任委員会や全員協議会でも同様の学習と討論が実施された。議員の中には、視察や外部の研修会に参加する人も現れた。二〇〇八年一月から始まった学習会や自由討議は約半年間続けられ、三十数回にも及んだ。目指すべき議会像と、それを具現化するための課題が次第に明らかになってきた。論点が明確化し、議員の考え方も洗練されてきたのである。

議会改革の取り組みは次なるステップへと進んだ。寺島さんは、議員たちの意見集約に乗り出した。目指すべき議会像とはどのようなものと考えるか、それを具現化するためにとるべき議会改革の課題とは何か。この二点について一八人全員の意見を聞き取り、整理して取りまとめた。そして、わかりやすい一覧表を作成した。A3用紙の左側に議員名を縦書きし、議員名の右側にそれぞれの意見を記載した。そして、議員全員が一致するものだけをピックアップし、飯綱町議会の議会改革方針として確定させた。

そうしたところ、目指すべき議会像は以下の六点に集約された。一つめは「住民に開かれた議会」。二つめは「町長と切磋琢磨する議会」。三つめは「活発な討論が展開される議会」。四つめは「住民の声を行政に反映する努力を貫ける議会」。五つめは「飯綱町の住民自治発展の推進力となれる議会」。そして六つめが「政策提言のできる議会」である。

また、議会改革の課題として以下の八項目が掲げられ、順次、実践していくことになった。一つめは「一般質問に一問一答方式を導入し、町長に反問権を認める」。二つめは「町民に対して議会の議決責任と説明責任を果たす」。三つめは「議会への住民参加を広げる」。四つめは「議会の情報公開をさらに進める」。さらに「議員の資質向上に努め議員同士の自由討議を活発に行う」「議員の政策立案能力を高め、政策提言、条例制定などに取り組む」「行政への批判と監視機能を一層強化する」と続き、最後は「政務調査（活動）費を条例化し、政策研究、町民への広報活動等に活用する」が掲げられた。

こうして、飯綱町議会の議会改革の大方針が確定した。その詳細を記した「議会だより・議会改革特別号」を〇八年八月に全戸配布し、議会改革の実行を宣言した。議会として町民に改革を公約し、自ら退路を断ち切ったのである。

迷いながら歩む日々が始まった

ここまでが、飯綱町の議会改革の第一幕といえる。まだ改革の方向性を示したにすぎず、高い山を登り始めた段階である。だが、この時点ですでに着目すべき点が二つあった。

ほかの議会改革の事例と同様にリーダーの存在も大きかったが、飯綱町の場合は、リーダーのトップダウンによって改革が進められたものではなかった。議員間での討議を重ね、丁寧に合意点を積み上げての前進だった。時間をかけ、一歩一歩進んでいったのである。二つ目は、学識者や議会事務局員などの力に依存せず、議員のみで議論を重ねて改革の方向性を定めたという点だ。また先進事例の丸写しなどは行なわず、自分たちで論点を整理して詰めていったのも特徴といえる。議会改革の自主独立型である。それゆえに、試行錯誤を重ねる、地味で継続的な改革となった。山あり谷ありの険しい道を迷いながら歩む日々が始まった。

議会改革の実践の第一歩として、一般質問の「一問一答方式」が導入され、町長の反問権も認められた。町民との懇談会も開かれることになり、議員は意気込んだ。ところが、町民との懇談会では開会早々から、町民の激しいヤジに晒されるはめになった。議員が議会活動の説明を始めたところ、「それよりもまず我々の話を聞け！」といきなり遮られてしまったのである。

そのため、議員は町民との懇談会では聞き役に徹するようになった。そのころ、三セクの破綻処理をめぐる問題がまたしても噴出し、それへの対処をめぐって、さらに学習会や自由討議を重ねることになる。飯綱町の議会改革は、二〇〇九年一〇月の町長選と議員選以降、本格化していった。

第五章　加速する議会改革

「改革派」が議会要職に就任

二〇〇九年一〇月、三セク破綻後の町長選は激戦となった。責任を追及された現職の遠山秀吉町長が引退を表明し、同じ旧牟礼村出身者を後継候補に指名した。損失補償裁判敗訴後の住民説明会で、町長らとともに住民から罵声を浴びた副町長の峯村勝盛さんだ。これに、旧三水村の町民たちが猛反発した。告示のわずか一カ月前に町議会議長の相澤龍右さんを担ぎ出し、三セクスキー場からの完全撤退などを掲げた。

旧三水村長の村松さんは「遠山さんに連れられて立候補の挨拶に来た峯村さんに『あなたに立候補する権利はありますが、出る資格はないと思います』と直接、伝えました。我々はリゾートスキー場問題のケジメをつけるために、リゾートスキー場と全く関わりのない人を町長にしなければと考えました」と、当時の内情を明かした。

こうして、飯綱町になって二回目の町長選も三人立候補したものの、事実上、旧牟礼村と旧三水村の争いとなった。

選挙前の下馬評では、現職の後継候補である峯村副町長の勝利に終わるとみられていた。

相手候補の相澤議長はもともと酒屋業で、行政経験はない。それに旧村間での争いとなれば、人口の多い地域が有利なのは明らかだ。しかし、三セク問題で煮え湯を飲まされたとの思いを抱いていた旧三水村の住民が燃えに燃え、攻めの選挙を展開した。

結果は三七五六票対三三七〇票で、相澤さんの勝利となった。わずか三八六票差で、旧三水村陣営が激戦を制した。予想を覆すこの結果に町中が揺れた。なにしろ勝利を手にした相澤さん本人も、周囲に「まさか自分が当選するとは思ってもいなかった」と、つい口を滑らせてしまったほどだった。相澤陣営の選挙戦術が見事に奏功したといえる。

勝利に沸く三水の相澤陣営に、牟礼の元村議が一人だけ、お祝いに駆け付けたという。二村合併に尽力し、飯綱町の誕生直後に議員を引退した神谷晋さんだった。

町議選も町長選と同じ日に実施された。一八だった議員定数は一五に削減されたが、立候補者はわずか一六人だった。しかも、このうちの一人は前回一五票しかとれずに落選していた。つまり、町議選は選挙前から事実上、当選者の顔ぶれが決まっていた。そのため、町長選とは比べようもないほど盛り上がりに欠けたのである。

当選者一五人のうち新人は三人、残り一二人が二期目の当選となった。最高得票が七七〇票に対し、最低得票は二五三票。ただ一人の落選者は予想通り、当選ラインから大きく離されて六三票にとどまった。共産党二人と公明党一人以外はすべて無所属という党派構成は変わらなかった。ただ、町長に転身した議長も含め七人が議員を引退したので、通常よりも議員のメンバーチェンジが進んだとはいえる。投票率は七七・三二％で、町長選とほぼ同じであった。

町議選後に、新たな議会の役員人事となった。正副議長選が実施され、議会改革を牽引してきた寺島さんが名乗りを上げ、なんと議長に選出された。九票を獲得し、六票の原田重美議員を退けたのである。副議長には一〇票を集めた清水満議員が当選し、議会運営委員長に神谷昇さんが就任することになった。いずれも議会改革に熱心に取り組んでいる議員であった。長年、「多勢に無勢」の議会に身を置いてきた寺島さんにとって、信じられないような環境の変化といえた。「まともな議会を作りたい」という念願がかなうかもしれないと、胸躍らせたのだった。

ニュータイプの議員たち

寺島さんがそんな期待を抱いたのには、もう一つ、理由があった。新たに同僚となった議員の中に、これまでにないタイプの人がいたからだ。それも二人。

そのうちの一人が、長野市職員を課長で定年退職した後、新たに飯綱町議になった原田征夫さんだ。地元出身の原田さんは長野市役所に四二年間勤め、六〇歳で定年退職。その後、民間会社に再就職したが、六四歳の時に地元の先輩や同級生らから議員になることを勧められ、決断したという。原田さんの奥さんがこう語る。

「主人は長野市のことなら何でも知っていましたが、飯綱のことはよくわかっていませんでした。でも、『断る理由などないでしょ』『よくわからないのだったら、自分で町の中を歩いて、いろんな人の話を聞いてやったらどうか』と、私が背中を押しました」

もう一人が、大手企業の役員経験をもつ塚田實さんだ。塚田さんは一九八一年に長野市内から牟礼村に転居してきた、いわば、よそ者組だった。県が分譲地として開発した福井団地（戸建て）に第一陣として入居し、そこから長野市などに通勤していた。塚田さんも会社の整理業務を終えた六〇歳の時に、団地内の仲間たちに勧められて立候補した。奥さんはこう語る。

「何事も一生懸命にやる人で、大口叩きでもありました。それで皆さんから声がかかったのだと思います。仲間の皆さんは団地に引っ越してきたサラリーマンばかりで、定年退職した人が多かったです。本人は議員というのは頭になかったと思います」

二人とも、これまでの議員とはだいぶ違っていた。議員としての姿勢や意識、見識や実務能力などいずれも際立っており、即戦力となった。寺島さんは心強い同志が増えたと喜んだのだった。

議会事務局を強化する

議長に就任した寺島さんは、議場の向かい側にある議会事務局室に通う毎日となった。飯綱町には議長室や議員控室がなく、議場と会議室、それに議会事務局室があるだけだった。狭い事務局室の中に議長と副議長の執務用デスクが置かれ、それに向かい合うように事務局長と事務局職員の二人が常駐していた。つまり、事務局側と議長・副議長が一つの部屋に同居していた。事務局室の真ん中には接客用のテーブルとソファが置かれ、周りの壁は資料を保管する棚で覆われていた。このため、ただでさえ広いとは言えぬ部屋の中は、歩くにも苦労するほどの窮屈さとなっていた。

議会事務局に通うようになり、寺島さんは牟礼村議になったばかりの時の出来事を思い出した。あることを偶然、目撃し、愕然とした体験があったのだ。当時の議会事務局長が、勤務時間中に株式新聞を食い入るように読んでいたのである。その姿は、まさに心ここにあらずといった風だった。仕事への意欲や責任感が希薄なのは、疑いようもなかった。議会にとってなによりも重要なセクションである議会事務局、そのトップの体たらくを目撃し、寺島さんは歯噛みした。仕事をしない・できない職員を事務局に送り込む行政の姿勢に疑問も感じたという。

もっとも、こうした事例は飯綱町に限ったことではなく、二元代表制の地方自治体ではよく見られる現象だ。議会の力が強くなることを本音では嫌う首長（執行部側）が多く、彼らは議会事務局の体制強化にどうしても後ろ向きとなる。議会を自分のコントロール下に置こうと必死に画策する一方、議会力強化に非協力的、ないしは抵抗するのである。「敵に塩を送るようなことはしない」と、議会事務局の人事を捻じ曲げてしまいがちだ。

地方自治の世界は国政と異なり、首長と議会がそれぞれ住民から直接選挙で選ばれる二元代表制となっている。したがって、議院内閣制の国政とは異なり、本来、地方議会の中に与党と野党はないという建て前になっている。二元の一翼である地方議会の役割は三点あり、自治体の意思決定（議決）と監視、それに政策提言だ。

しかし、実態は言うまでもなく、ひどいものだ。ほとんどの議会は、議決の役割をこなしているにすぎない。それも、首長提案を丸飲みする「追認機関」である。

こうした状況を望ましいと考える首長がたくさんいるのも、事実である。首長にとって最も仕事のしやすい環境といえるからだ。自分たちのやりたいことを邪魔されずにすむと、陰でほくそ笑んでいるのである。実は、本音では「不勉強な議員さんの方がよい」と思っている首長が全国各地にいる。議会が活性化し、行政に対するチェックはもちろんのこと、住民のニーズを丁寧に集めて政策提言まで行なうようになったら、こちらの仕事がやりにくくなると心得違いしている首長や行政職員が少なくない。「議会が強くなると困る」という時代錯誤の発想を脱ぎ捨てられずにいるのである。

寺島さんは、議会事務局人事を重視した。今までのような人事が漫然と繰り返されては困ると考えたのだ。議会改革が進めば進むほど、事務局スタッフの仕事量は増大し、質もより高度になると予想された。また職員にとっても、議会事務局はやりがいのある職場であるはずだとみていた。予算にも条例にも精通し、行政を総合的に理解する重要なポジションだと捉えていたのである。優秀なスタッフを集め、議会力の強化につなげたいと考えた。

寺島さんは執行部から提案された人事案をじっくり吟味し、「この職員は事務局の仕事に向かないと思う」といって、二度突き返した。そもそも地方自治法では「議会事務局職員の任免権は議長にある」と規定されており、なんら越権行為にはあたらない。こうして事務局人事は議長指名で行なわれるようになり、優秀な人材が送り込まれるようになった。

「政策サポーター制度」の発案

二〇一〇年一月、飯綱町議会は相澤龍右町長に対して「予算・政策要望書」を提出した。議員間討議で明らかになった町の政策課題を集約したもので、町長への提出はこれが初めてだった。

「学ぶ議会」と「議員の自由討議」を掲げて進められた飯綱町議会の改革は、着実に前へ向かっていた。しかし、同時に大きな課題が浮かび上がった。それは「住民の声をいかにして行政に反映させるか」という重要で、かつ、難しい問題であった。

合併前に二村合わせて三二人いた議員が、合併後、一八人に減り、さらに〇九年から一五人に削減された。この議員定数削減は行財政改革の一環として実施された面が強かった。議会も身を切る改革を迫られてのもので、新たな定数をめぐって議会内の意見は割れてしまった。一六と一四の二つの主張が対立し、最終的に間をとって一五となった。つまり、新定数一五は妥協の産物だった。五〇ある町の集落で、議員のいる集落は一一しかなく、議員のいない集落が約八割にのぼっていた。問題は、こうした地域的な偏りだけではなかった。議員の平均年齢は六〇歳を大きく超え、女性議員もわずかに三人。若い世代や会社員の議員は一人もおらず、商工自営業者もいなかった。議員の構成が町民の縮図とはとてもいいがたかった。さらに議員のなり手不足も深刻だった。無投票に近い選挙になっており、議会は、はたして町のあらゆる分野・階層を代表しているのか？という疑問が出された。住民の幅広い声を、議会側がしっかり集約しきれていない状況に陥っていた。

いかにして住民の声を幅広く集めるか。それが議員共通の喫緊の課題となった。地域住民の行政へのニーズを的確に把握しない限り、議会からの政策提言など夢のまた夢であるからだ。かといって、一五人の議員だけでは限界がある。定数を増やすことに住民の理解が得られるはずもない。では、どうしたらよいだろうか。

悩み考える日々が続く中、ユニークな方策が持ち上がった。「政策サポーター制度」である。発案したのは寺島さんだった。テレビでサッカーの試合を見ていた彼は、選手を懸命に応援するサポーターの存在に目を奪われた。そして「議会にもサポーターがつくれないか」とひらめいたのである。議員個々を支援するのではなく、議会全体を後押しする応援団である。住民のニーズや地域の実情と課題、さらには解決策を編み出すうえで、住民の知恵を借りられないかと考えたのである。住民による議会支援であり、かつ住民と議会の協働による政策研究・提言への試みである。

「町民の知恵を借りる」という発想

寺島さんが「政策サポーター制度」を思いついたのは、常日頃「住民の中に、議員よりずっと優秀な人たちがたくさんいる」と実感していたからだ。そして「議員はもっと謙虚な気持ちでいるべきだ」とも思っていた。だが最も強く感じていたのは、政策提言が議会にとってより重要な機能となっているにもかかわらず、力量不足で果たせずにいる現状への危機感だった。それはこういうことだ。

前述したように、議決とチェックと政策提言が地方議会の役割だが、チェックすら果たせぬ議会がほとんどで、政策提言する議会など実際は皆無に近い。しかも、そうした情けない議会の実態が別段、問題とされずにきている。しかし、それですんでいた時代はすでに終わっている。少子高齢化と財政難、それに地方分権と、取り巻く環境は激変し、議会の政策立案能力が地域発展のカギを握るようになった。

自治体の政策立案は、現在、事実上、首長側のみとなっている。しかし、実際は各自治体がそれぞれ独自に立案しているというよりも、中央官庁などが作成する政策メニューに依存している傾向が強い。多様な地域住民のニーズを丁寧に汲《く》み取って地域の実情に合った独自施策を作り上げるのではなく、中央官庁などが示す出来合いのメニューをそのまま採用しているのが実態だ。国などが提示するメニューには、交付金や補助金、交付税措置付きといった財源手当も添付されているからだ。こうして、中央官庁などの官主導による政策立案が全国の自治体で定着している。

この流れに沿って、長年、実務を行なってきた自治体職員は、住民サイドに立った政策立案に不慣れで、かつ不得手だ。というよりも、そういう発想や使命感を持ちえずに働かされてきたのである。そうしたことから、住民ニーズとずれた施策がどの自治体でも同じように実施され、限られた財源が有効に活用されずにきているのである。

いつまでも中央官庁などに政策立案を丸投げし続けていてはならない。自治体職員が地域に合った政策を自ら立案すべきなのだが、それだけでは不十分だ。中央官庁や自治体職員とは違った角度から政策提言をする必要があり、その担い手は、今の制度では議会しか見当たらない。つまり、政策立案の複線化の一翼を議会が担い、首長と切磋琢磨することが地域の発展に寄与することにつながるのである。もちろん、そんな力量のある地方議会は、全国に数えるほどしか存在しない。いや、厳密にいったらまだどこにも存在しないのかもしれない。自分が住む地域の議会・議員の低レベルに呆れはて、「議会なんて、もうなくしてしまえ」とやけっぱち気味に叫ぶ人が少なくないが、それは違う。より正確に表現すると「今のような地方議会ならばない方がよいが、機能をきちんと果たす議会は今後、絶対必要」なのである。

寺島さん発案の「政策サポーター制度」は、すんなりと議員全員の賛同を得ることができた。議員の中から「選挙で選ばれた我々議員が住民の力を借りるなんておかしい」とか「なんの権限もない住民に議員の領分を侵されることになる」といった、メンツを優先した異論など全く出なかった。寺島さんは「『政策サポーター制度』を新設する二つの理由に説得力があったからだと思います」と振り返る。二つの理由とは「開かれた議会にするためにも議会活動への住民参加を広げる」と「定数が減る中で、町民の知恵も借りて政策作りを協働で進める」である。

政策サポーター会議の概要

こうして、飯綱町議会で「政策サポーター制度」の仕組み作りが始まった。

まず、漠然と議論しても政策作りにはつながらないとの的確な意見が出され、議会側が政策サポーターと議論するテーマを予め決定することになった。事前に常任委員会や全員協議会で協議し、取り上げるテーマを絞り込むのである。テーマ設定の際のポイントは二つ。一つは、首長側がまだ着目していない、ないしは取り組んでいない地域の課題。もう一つは、首長側がやりにくいこと、ないしは取り組みを避けたがる課題である。代表的事例が、自分たちの身も切ることになる行財政改革だ。

議会がテーマを決めた後、その概要を「議会だより」に発表し、合わせて政策サポーターを公募した。また、公募だけでは人数がそろわないことが予想されるため、年齢や地域、職業や性別などを勘案しながら、議員が手分けして「この人ならば」という町民に要請の声掛けをすることになった。議員が直接、お願いして回るのである。そして、政策サポーターのメンバーが確定したところで、政策提言作りの議論が始まる。二つのチームに分かれ、議員が座長となって議論を進行する手筈となった。また、同じ町民が何度も政策サポーターになることは避けるようにした。それは、より多くの町民にサポーターを経験してもらいたいとの思いからだった。

政策サポーター会議は一テーマにつき数回実施され、いずれも平日夜間（午後七時から九時ごろまで）に開かれる。会場は二か所で、庁舎二階の議場横の会議室と、福祉センターの会議室。ロの字型に並べられたテーブルを議員とサポーターが囲むことになった。政策サポーターには費用弁償（交通費などの実費分）として、一回につき三〇〇〇円が支給される。

政策作りの議論の進め方には三つのポイントがあった。まずは現状把握と分析。議会事務局がそれに必要な資料を準備し、事前に配付する。二つ目が、問題点の解明。課題の明確化といってもよいだろう。三番目は、行政が取り組むべき政策課題の整理とその解決策の提示、つまりは政策提案である。こうした流れで政策サポーター会議は行なわれ、議論の内容を議員が提言書として取りまとめ、会議終了後に町長に提出する。その後、議員側は予算審議や一般質問などで議論を進め、町長に提言内容の実現を求めていくのである。

二カ月間ほどの検討を経て、二〇一〇年四月、飯綱町の「政策サポーター制度」が正式に発足した。日本の地方議会で初めての取り組みがスタートしたのである。記念すべき第一回目の政策サポーターは総勢一二人となり、うち二人が女性だった。また、八〇〇字のレポート提出を必須とした公募に手を挙げたのは二人で、このうちの一人は〇九年の町長選に出馬した中井寿一さんだった。公募の二人以外の一〇人は議会側からの要請組だった。一二人の職業は、農業四人、会社員三人、自営業三人、会社役員一人、無職一人。

政策サポーター一二人は、「行財政改革研究会」と「都市との交流・人口増加研究会」

の二つの研究会に半数ずつに分かれ、そこに議員が八人ずつ加わった。そして、総務産業と福祉文教の二つの常任委員会の各委員長が研究会の座長につくことになり、「行財政改革研究会」の座長には原田重美議員が就任し、副座長には渡邉千賀雄議員がついた。また「都市との交流・人口増加研究会」の座長には羽入田頼衛議員が、副座長には伊藤まゆみ議員がついた。議員数が一五人のため、議長の寺島さんが二つの研究会を掛け持ちすることになった。

政策サポーターから議員に転身する人も

政策サポーターと議員による二つの研究会は、それぞれ六回の会議を開き、侃々諤々《かんかんがくがく》の議論を繰り広げた。

「高校時代の同級生だった原田重美議員から話がきまして、『最初は私みたいな身分でもいいのか。俺で大丈夫か』といったんですが、『いや大丈夫。頼むよ』というので引き受けました。テーマが行財政改革とはっきりしていたので、やりやすかった」

こう当時を振り返るのは、第一次政策サポーターのメンバーだった荒川詔夫《あきお》さん。

食糧庁の職員だった荒川さんは、二〇〇三年三月末に定年退職し、赴任先の群馬から自宅に戻ってリンゴやサクランボ、プルーンを栽培する専業農家となった。職員時代の三分の一が県外や県内での単身赴任だったため、一年ほど地元でのんびり過ごしたあと、地区の役員やJAの生産部会長などを積極的に務めるようになった。そんな関係で、政策サポーターにと声がかかったようだ。

荒川さんが参加した「行財政改革研究会」は、二〇一〇年一一月、人件費を二〇一五年までに二〇〜三〇%削減するといった政策提言書をまとめ、相澤町長に提出した。町はこの提言などを受け、まずは職員給与を一律二%削減することにした。「自分たちの意見が少しでも行政に反映されたことは、とてもよかったです」と荒川さんは語る。そして、政策サポーターを経験して議員のことも知るようになった。

その三年後、荒川さんは引退する地元の議員から「自分の代わりに出てくれ」との要請を受け、町議選への出馬を決意した。

「年齢的（当時六九歳）に今から議員というのはどうかと思いました。体力的なこともありますしね。でも、人生をもっと前向きに捉えようと考えて決断しました。議員になって発言しなければ、町の課題は解決できないのでは、という思いもありました」

荒川さんは、互いがモノやカネを奪い合うような今の社会に疑問を抱いていた。利益追求や効率を最優先し、そのために他人の足を平気で引っ張るような社会ではなく、分かち合うような社会を目指すべきだと考えていた。自分さえよければという考えではなく、地域や町のために役立ちたいと思っていたのである。

荒川さんは一三年一〇月の町議選で七一〇票を集め、トップ当選した。地域の世話役を真面目に務めてきたことや、引退した議員の後継となったことが、最高得票につながったようだ。政策サポーターから議員に転身した第一号である。そして、一五年六月に発足した第三次政策サポーター会議から、今度は議員として参加することになった。

政策サポーターの出現は、様々な波紋を町内に呼び起こした。研究会での議論は、議場でのそれより、明らかに内容のあるものとなった。また、サポーターの率直な発言は議員個々を大いに刺激し、その意欲を高めさせる動機づけともなった。それは政策サポーター側も同様だった。彼らの多くが、それまで関心を寄せていなかった町議会に目を向けるようになった。議会の政策立案能力の向上と議会への町民参加、さらには議員のなり手作りの第一歩にもつながる効果を生み出した。発案者の狙いはものの見事に当たったといえる。

だが、議員にとっては、しんどい面もあった。サポーターとの議論などを通して自身の等身大の姿が明らかになるからだ。誤魔化しようのない本当の力量が露呈してしまうのである。また、議論をきちんと文章に取りまとめる役を仰せつかった座長は、より大きな負担を負うことになった。自分の考えや意見を文章にまとめるのはまだしも、議論の内容を整理して的確にまとめるのは、そう容易《たやす》いことではない。また、その出来の良し悪しは、議論に参加した当人が読めば、すぐにわかってしまう。片手間のやっつけ仕事では許されなくなったのである。

こうして、これまでにはなかった議員活動の新たな負担への不満や不安を密かに抱く議員も現れるようになった。一五人の議員の間に意識や意欲の差がじわりじわりと広がっていった。

第六章　「議会力」が上がっていく

“不穏な”議員会合

二年の議長任期がそろそろ切れる、二〇一一年秋のことだった。ある議員が寺島さんにそっと近付き、いきなりこう耳打ちした。

「寺さん、大変なことになっているで。あんたを引きずりおろそうとしているで……」

一瞬、何のことかわからなかった。「えっ、何の話?」と問いかけると、その議員は声を潜めながら、衝撃的な事実を明らかにした。どうやら、議員の間で議長交代を画策する動きがあるという。寺島さんを内心では快く思っていない議員がいるのは、寺島さん自身もわかっていた。長年、不正や不祥事を厳しく追及してきたので、敵が多いことも自覚していた。そして、議会改革に本音では後ろ向きという議員がいないわけではないことも薄々感じていた。それでも面と向かって反対されたことはなく、全議員の合意に基づく改革を丁寧に進めてきたと自負していた。突然の解任工作情報の耳打ちに、過去の嫌な思い出が呼び覚まされた。旧牟礼村議会で議長不信任をいきなり突き付けられた、あの出来事だ。

情報提供してきた議員の話によると、ある議員から「議会改革について話し合おう」と声をかけられたという。事情がよくわからぬまま会場となった三水地区田中の公民館に行ってみたら、会場に一三人の議員が勢ぞろいしたという。その場にいなかったのは、寺島さんともう一人の議員だけ。もちろん、そんな集まりがあることを寺島さんは知らされていなかった。というより、誘いなどかかるはずがなかったのである。

寺島さんら二人を除外してこっそり開かれた会合は、近々行なわれる議長選に向けた、多数派工作を意図したものだった。一部の議員が、寺島さんを議長ポストから引きずりおろそうと水面下で動き回っていたのである。

「会場に寺島さんがいないことに、すぐに気付きました。その場の雰囲気から私はピーンときました。ほかの人がどう思ったかわかりませんが、私は〝人事〟が集まりの本当の目的だと感じました」

そう語るのは、寺島さんとともに議会改革を牽引する清水副議長。温厚で誠実な人柄のため、誰からも信頼されている。その清水さんも、事情がよくわからないまま会場に呼び出されていた。会場に着くと先輩議員から「副議長なんだから、進行役をやってくれ」と、いきなり頼まれたという。怪訝《けげん》な顔をした議員が何人もいた。

ただならぬ気配を感じた清水さんは、開口一番、「今日は人事の話は一切なしです。この場ではしないでいただきたい」と宣言した。その瞬間、会合を呼びかけた人たちがどのような反応をしたか、確認する余裕などなかったという。

こうして、寺島さんらを除いた議員会合は、雑談に終始することになった。進行役を務めさせられた清水さんは、どんな内容の雑談が展開されたか全く記憶に残っていないと話す。清水さんにとって、すべてを消し去ってしまいたいほどの嫌な思い出なのだろう。

不穏な動きがあったことを知らされた寺島さんは、その会合に、信頼を寄せていた清水さんが参加していたことを知り、大変なショックを受けたという。それで、本人に「なんでそんな会合に行ったのか」と、直接、問い詰めたのだった。清水さんは「寺さんを引きずりおろそうという会合とは知らずに行った」と正直に話したが、暫くの間、険悪なやり取りとなってしまった。最終的にはお互いの誤解が解け、二人の信頼関係はより強固となった。

直後の一一年一一月に実施された議長選では、寺島さんが一〇票、原田重美さんが五票となった。寺島さんの議長再選が決まったが、これで落着とはいえなかった。地方議会によくある〝議長ポストをめぐる権力争い〟という一言では片付けられないからだ。一部議員の間で、寺島さん個人に対してのみならず、議会改革の取り組みへの反発や不満が溜まり出していることは、もはや否定できなかった。

議会改革が進めば進むほど、当然のことながら、個々の議員の仕事量と求められるレベルは上がっていく。そうしたことへの不安や恐れから、これ以上改革を進められたら困る、と心の中で思う人も増えてくるはずだ。議会改革に総論（理屈）では反対できないが、各論（実践）は嫌だという人たちの存在である。自分にはできない、ついていけない、と考えるからだ。さりとて議員の立場を失いたくないし、これまでと同じような議員活動や政治活動を続けたい。そう考える人たちが、はたしてどのような行動に出てくるか。議会改革を後戻りさせないためにも、きちんとした制度化・条例化が急がれるようになった。

新人議員を役員に抜擢

寺島議長の続投が二〇一一年一一月に決まり、議会人事も確定した。常任委員会のトップには、二年前に当選したばかりの新人二人が抜擢された。総務産業常任委員会の委員長に原田征夫さん、福祉文教常任委員会の委員長に塚田實さんが、それぞれ就任した。長野市の元課長と民間会社の元役員という経歴の二人は、その見識と実務能力の高さで頭角を現していた。新人議員ながら、飯綱町の議会力を支える重要な存在となっていたのである。

地方議会の役員ポスト（正副議長も含む）は、当選回数を基にした輪番制になっているのが、ごく一般的な姿である。議会力を高めるための人事ではなく、ポストを公平に配分するという仲間内の論理を優先しているからだ。一年ごとに正副議長などの役員を変えるケースも少なくなく、コロコロ変わる役員は単なるお飾りにすぎない。こうした内向きの馴れ合い人事が議会力アップにつながるはずもなく、議会はぐっすりと眠り続けることになる。実力重視で新人議員を役員に抜擢するなど、普通の議会では考えられないことだった。

議会基本条例をめぐる激論

飯綱町議会は、二〇一二年九月に「飯綱町議会基本条例」を制定した。議会改革の取り組みを始めてから四年余りが経過し、「政策サポーター会議」など実践の成果が広がっていたころである。飯綱町議会の改革を牽引する寺島さんは、「いろんな実践の成果を踏まえたうえで、議会基本条例を制定しました。議会改革は基本条例を作って終わりではありません。一過性や単発の改革ではダメで、多分野で継続的にやらないといけません。それで基本条例も改正しています」と解説する。その内容はもとより、条例制定に至るまでの道筋がとても興味深い。いかにも飯綱町議会らしい歩み方をとっていた。

議会改革のパイオニアといえば、北海道栗山町《くりやまちょう》議会である。全国初となる議会基本条例を〇六年五月から施行し、地方議会関係者を驚かせた。先進的なその取り組みが刺激となり、議会改革がそれこそブームのようになった。「栗山町議会に続け！」とばかりに議会基本条例を制定する議会が相次ぎ、一五年九月時点で七〇一議会にのぼっている（自治体議会改革フォーラム調べ）。全地方議会の四割近くに達しており、町村議会でも全体の四分の一にあたる二三九議会が制定している。

しかし、議会基本条例を制定さえすれば、議会や議員の質が向上して議会本来の機能を発揮できるようになるというものではない。立派な議会基本条例を掲げながら、議場は相変わらず、怠惰で不勉強な面々ばかりという議会が少なくない。条例は理念（建て前）にすぎず、現実はこれまで通りという議会が、全国各地に多数存在している。そうした情けない議会の実態は、地域住民が一番よくわかっているはずだ。また、仰天するような不祥事を引き起こした議会を取材したら、その議会に立派な議会基本条例があったというケースを何度も経験している。ブームに乗り遅れないためだけの、形式的な議会基本条例作りといえる。

〇八年から議会改革に取り組んでいる寺島さんは、栗山町の基本条例はもちろんのこと、全国各地の議会基本条例をじっくり読み込んだ。目を通してみると、その多くが栗山町の議会基本条例のコピー版のように感じられた。独自性がなく、実践的でもない。単なる理念型で、まるで議会基本条例を制定することが目的化しているように思えたという。立派な条文の一つひとつが議員個々の血や肉にまでなっていない、と見抜いたのである。

寺島さんはあえて、すぐに議会基本条例作りに取り掛からないことにした。立派な作文作りよりも実践を優先し、議員全員で試行錯誤を重ねる道を選択したのである。そして、一一年ごろから議会基本条例作りをスタートさせた。まずは一人で素案を作り、それを全員協議会に諮ることにした。条文案ごとに全員で討議していく方式をとり、一年がかりとなった。激論が繰り返され、議員同士が怒鳴り合う激しい場面もあった。例えば、前文案に盛り込まれたこんな一文で紛糾した。

「飯綱町議会は、これまで議会改革に積極的に取り組み、その実践の成果を踏まえ、町民と共に築く町を目指して……」

議員の中から「これまで議会改革に積極的に取り組み、その実践の成果を踏まえ」という文言は必要ない、削除すべきとの意見が出され、寺島さんとの間で激論となった。互いに一歩も譲らず、とげとげしい雰囲気となった。もともと、お互いを反りが合わないと感じていたようで、発する言葉も次第にきついものとなっていった。激しい応酬が暫く続いたところで、議会運営委員長の金井達也議員が間に入って調整したが、結局、文言は削除することになった。

目指す議会像を明示する

また、条例案に通年議会が盛り込まれており、その是非をめぐっても大激論となった。通年議会は会期を定めず、緊急時にも議会が開けるようにしておく仕組みで、一年中、議会を開くという意味ではない。地方議会の招集権は首長にあり、議会（議長）側が自由に開会できるわけではない。一定数の議員の同意を得れば、首長に臨時議会の招集を求めることもできるが、それでも手続きに時間を要する。このため、基本条例案は通年議会の採用を謳《うた》っていた。二〇一五年七月現在、九二八の町村議会のうち、四五の町村議会が通年議会を採用している。これに異論が出された。

「通年議会のメリットは（首長の）専決処分をなくすことだが、今の飯綱町は専決処分していないので、わざわざ通年にする必要はない」

「通年議会にすると議員の負担が重くなり、ますますなり手がいなくなってしまう」

こうした反対論がやまず、通年議会は基本条例案から削除されることになった。どうやら通年議会の意味を誤解し、「通年議会になったら忙しくなり、自分の仕事がやりにくくなってしまう」と考えた議員もいたようだ。

また政務活動費の新設についても、賛否が割れてしまった。調査研究するうえで必要と考える議員と、政務活動費に対する住民のイメージが悪いので新設すべきではないとする議員に二分されてしまい、結局、政務活動費の新設も基本条例案から削除されることになった。

一年間の喧々囂々《けんけんごうごう》の議論を経て、飯綱町議会基本条例が二〇一二年九月に制定された。その前文にはこんなことが書かれていた。

「飯綱町議会は、町民の負託に応え、二元代表制の一方の担い手として、町民全体の福祉の向上を実現する使命を負っている。政府が進める地域主権の前進により、自治体の自主的な決定権と責任の範囲が拡大している。議会は、その持てる権能を十分に駆使して、町行政を持続的に発展させ、地域における民主主義と住民自治の前進にその本来の役割を果たさなければならない。そのためにも、あらゆる機会における自由かったつな議論こそ議会の第一の使命である」

基本条例は、第二条で目指す議会像を明示した。「住民に開かれた議会」「町長と切磋琢磨する議会」「自由で活発な議論が展開される議会」「政策提言のできる議会」「住民の声を行政に反映する議会」「飯綱町の民主主義と住民自治発展の推進力となる議会」の六つである。そのうえで議会と議員の基本原則を提示し、「町民と共に考え、活動する議会」の具体的な取り組みを記している。「町民と議会との懇談会」「町民広聴会」「夜間議会・

休日議会」「模擬議会」「政策サポーター制度」「議会広報モニター」（二〇一五年六月の改正で追加）などだ。

三〇代女性、子育て世代の「政策サポーター」体験

激しい議論を重ねた末に議会基本条例が成立し、飯綱町議会は新たなステップに進むことになる。第二次政策サポーター会議が開催されることになった。取り上げるテーマは「集落機能の強化と行政との協働」「新たな人口増対策」の二つに決まり、公募と要請による政策サポーター集めが始まった。そして、公募三人と要請一二人の計一五人が二代目の政策サポーターとなった。前回の公募で義務付けられたレポート提出は、今回はなしとなった。一五人の内訳は、男性八人に女性七人。職業は農業が九人、会社員二人、会社役員一人、保育士一人、郵便局員一人、それに無職が一人である。一方、議員側は総務産業常任委員会が集落テーマ、福祉文教常任委員会が人口増テーマを担当し、原田征夫さんと塚田實さんが座長を務めることになった。

第二次政策サポーター会議は二〇一三年六月から一四年五月まで行なわれ、二回目とい

うこともあってか、様々な成果をあげることにつながった。詳しく紹介したい。

「議会を傍聴したこともないし、議員さんは雲の上の存在でした。どこに行けば議員さんに会えてお話できるのか、それさえ、わからなかった。議員さんや議会は私たちとは無縁だと思っていました」

こう率直に語るのは、人口増テーマの政策サポーターを務めた天野奈津美さん。二人の子供を育てる、三〇代の働く女性である。

天野さんが政策サポーターになったのは、父親の知り合いの議員に頼まれたからだ。話を聞くまで、町に政策サポーターという制度があること自体、知らなかったという。行政のこともよくわからず、「私で大丈夫なのか」と思ったという。それでも、内容が全くわからないまま参加することにした。もちろん、こうした会議に参加するのは初めてだった。

「何もわからなかったことが、かえってよかったと思います。わかっていたら面倒くさいと思って、尻込みしていたと思います」

会議に参加してみると、七人のサポーターのうち四人が女性だった。だが、知り合いは一人もいなかった。会では、子育て真っ最中のママさんとしての意見を求められた。塚田實座長をはじめとする議員側は、聞き役に徹していた。

天野さんは、言いたいことを言える機会などそうはないと考え、遠慮なく発言した。保育のこと、小児科のこと、女性の働く場のこと、買い物のこと、などなど。自分の意見を言うだけではなく、町の「なかよし広場」で知り合った、たくさんのママ友たちにも意見を聞いて回った。ママ友の中には、わざわざレポートを綴って天野さんに託す人まで現れた。「町が年一回実施する町民アンケートに意見を書いて提出したが、その後、何もなかった」と悔しそうに打ち明けた人もいた。天野さんはたくさんのママ友の思いや考え、願いを政策サポーター会議の場で発表した。説得力と迫力が増していった。

六〇代、七〇代の議員たちは、町の子育て世代の生の声にしっかり耳を傾けた。そして、天野さんの案内で「なかよし広場」に直接、足を運び、ママさんたちと意見交換することになった。年配ばかりなので当然かもしれないが、母子が日中、集まる「なかよし広場」の存在を知らなかった議員が多かったという。待ち構えていたママの中には、議員を前にして硬くなってしまい、普段のように喋れなくなってしまった人もいた。

サポーターの指摘で、時間外保育料が一部無料化

人口増対策をテーマとした政策サポーター会議は、二〇一三年六月から一〇月までの間に八回、開催された。そして、現状把握と分析により、隣接する長野市への転出超過が町の課題であることがはっきりした。つまり、いかにして住民の長野市への転出を防ぐかである。政策サポーターが、議員や職員が見落としていた長野市への流出要因の一つをズバリと指摘した。

「長野市では朝七時三〇分から八時三〇分までと、夕方四時三〇分から六時三〇分までの延長保育料が無料となっている。一方、飯綱町では延長保育料が有料となっている。これでは長野市への子育て世代の流失を防げないのではないか」

「新たな人口増対策」をテーマに議論を重ねた政策サポーター会議は、一三年一一月、「子育て支援のまち・飯綱町をめざして」という提言書を峯村町長に提出した。その中で重点施策として盛り込まれたのが、延長保育料の完全無料化の実施である。朝七時から八時までと、夕方四時半から七時までの延長保育料を、土曜日も含めて無料にすることを提案し、一四年四月からの実施を求めたのである。

この提案を峯村町長も真摯に受け止め、一四年四月から、時間外保育料の一部無料化に踏み切ったのである。そのために約四二〇万円の予算措置が講じられた。天野さんは「提案しても（町は）聞いておきますという程度かなと思っていましたので、無料化が実現してホントによかった。サポーター終了後、議員さんたちとは会っていませんが、それまでのような無縁な存在ではなくなり、今はちょっと親近感をもっています」と、明るく語るのだった。

議員提案による「集落機能強化」条例の制定

第二次政策サポーターのもう一つのチーム「集落機能の強化と行政との協働」も、大きな成果をあげていた。こちらは、提言を基に新たな条例が制定されることになった。それも、議員提案による条例の制定である。

集落機能チームの座長は長野市元課長の原田征夫議員で、政策立案能力と起案力に定評があった。こちらの会議は二〇一三年六月から一四年五月までの間に六回、開かれた。議論の取りまとめ中に町議選が実施（一三年一〇月）されたため、最終の会合が一四年五月にずれ込んだ。ここでは政策提言書の内容を紹介したい。

飯綱町には五〇の集落があり、住宅団地として開発された二か所以外、いずれも農業集落として形成された。そうした集落が、少子高齢化の進行にともない様々な課題を抱えるようになった。集落が共通して抱える問題点として、過疎化の進行（三二地区）、有害鳥獣被害の増加（一七地区）、農地や山林の荒廃（一五地区）、地域活動における担い手・人材不足（一五地区）、自治会役員のなり手不足（一三地区）、祭りや伝統行事など伝統文化の継承（一二地区）、高齢者世帯の見守り（八地区）、交通弱者対策や公共交通機関の維持（七地区）などがあげられた。

政策サポーター会議では、このうち集落機能の脆弱化《ぜいじゃくか》に焦点をあて、その解決策について活発に議論した。とりわけ、自治会である区や組の役員のなり手不足や、集落内の組織や団体の役員不足などが深刻化している。男性世帯主を中心とした伝統的な集落運営が「壁」にぶつかっているとし、提言は住民自身と行政の双方に発想の転換を求めるものとなった。

集落機能の強化のために住民自身が取り組むべき方策が、いくつかあげられた。

一つめは「これまでの伝統的な集落運営を改善し、発想の転換を図る」というものだ。女性を積極的に登用し、女性の感性と知恵、生活体験などを集落運営にいかすべきという主張である。また、次世代にバトンをつなぐために、集落で生活している若者、I・Uターン者たちの発想や提案を尊重するなど、彼ら彼女らの実力を発揮できるようにすべしとしている。

二つめは「『六五歳以上は高齢者』という固定観念を再検討する」というものだ。どの集落でも六〇代から七〇代の人々は農業経営の重要な担い手で、集落運営の中心部隊である。

三つめは、集落にふさわしい農業経営の新しい方策を検討し、実践することだ。さらには、集落外にいる出身者を準集落構成員と位置づけ、その力を集落機能の強化に活用する方策を検討し実践することや、集落として農家民泊や直売所を開設することなどを提案している。

行政の役割と取り組むべき課題としては、近隣集落との連携を進めることや、集落問題にワンストップで対応する窓口となる「集落支援室（仮称）」を設置し、支援体制を確立させることなどを指摘している。また、地域の課題を住民とともに研究調査し、「集落活性化計画（仮称）」を作成し、実行することも提案している。

提言書は最後に、「『集落機能の強化と行政の協働』を町行政の今後の重要課題として、その取り組みを持続的・系統的なものとするために、『飯綱町集落振興支援基本条例（仮称）』を議会提案の条例として制定したい、と考えている」としていた。

この提言書は一四年六月に町長に提出され、九月に議員提案によって条例化された。

基本条例のポイントは二点ある。町長に対し、集落の振興を支援する施策の取り組みを「集落支援プログラム」にまとめ、毎年、議会への報告と町民への公表を義務付けたこと。さらに町長に対し、毎年、「集落支援プログラム」の実施結果、成果や課題などについて議会に報告し、これを公表しなければならない、と求めた点である。町は企画課の中に地域振興係を新設し、予算も三億一〇〇〇万円としたのである。

実は、こうした政策的な条例が議員提案によって制定されること自体、日本の地方議会ではきわめて稀《まれ》なことであった。議会改革の取り組みを地道に進め、議会力アップを図ってきた飯綱町議会の努力の成果といえる。

町長提案を議会が否決、修正、不承認

飯綱町の議会改革が進展するにつれ、厳しい立場に立たされることになったのが、皮肉というべきか、議長から転身した相澤龍右町長だった。追認機関からの脱却を目標に掲げていた議会が着実に力をつけて、チェック機能を果たすようになっていったからだ。

議会運営のやり方も、相澤町長の議長時代から大きく様変わりした。例えば、一般質問に一問一答方式が導入され、町長には反問権が認められた。議員の同一議題については質疑回数三回という制限がついていたが、それも撤廃されて質問回数は自由となった。ただし、議員の持ち時間は、質疑応答分合わせて一時間。一般会計予算や決算は款別に順次、質疑を進めることになった。予算の区分ごとに質疑を行なうことで、議員も答弁する職員も落ち着いてやれるようになった。一般質問の質を高めるため、全員協議会で議案の論点・争点の整理を行なうなど、様々な創意工夫が施された。全員協議会は公開で行なわれ、誰もが発言することになっており、黙っていることは認められない。もちろん、本会議での賛否は議員個々の判断による。

こうした努力の成果が、二〇一一年ごろから少しずつ現れるようになった。町長など執行部側が、議員の鋭い質問にたじたじとなる場面が見られるようになったのである。「議会での答弁は基本的に町長が行ないます。相澤町長は反問権をよく行使しましたが、ほとんどが反問ではなくて反論でした」と、寺島議長は当時を振り返る。議会内に町長派や反町長派といったものはなく、是々非々の議員ばかりとなった。討議は活発化し、町長が提案した議案の否決や修正、不承認もそう珍しいことではなくなっていった。

具体事例（相澤町長時代）をあげると、一一年四月の臨時議会では一般会計補正予算案を否決した。新年度のスタート直後に緊急性のない補正予算を組むのはおかしい、と退けられたのである。その年の九月定例会では、一般会計補正予算から一億三七〇〇万円を減額する議員提案の修正案を可決した。一二年三月定例会では、裁判で町が敗訴し、町長が即日控訴した専決処分を不承認とした。可否同数となり、議長判断での不承認だった。さらに一二年六月定例会で、この裁判の上告議案を否決した。こちらも可否同数となり、議長判断での否決となった。また、町の総合計画を全員協議会で議論し、問題点を指摘したうえで執行部に修正させた案を可決したこともある。

議員のなり手不足が深刻化

二〇一三年一〇月、飯綱町になって三回目の町長選と町議選が行なわれた。しかし、町長選、町議選ともに盛り上がりに欠け、六四・六六%という低投票率に終わった。それも無理からぬことであった。いずれの選挙も、開票前に当選者がわかってしまうような無風選挙だったからだ。むしろ、激しい攻防が展開されたのは告示前だった。

町長選は、相澤町長が一期四年での引退を表明し、前回（〇九年）の町長選で敗れた二人の一騎打ちになった。三三七〇票とりながら相澤町長に三八六票差で惜敗した前副町長の峯村勝盛さんと、八五五票の得票で大敗した中井寿一さんである。

相澤町長は再選に意欲を示したが、推してくれる人がいなくなり、不本意ながらの引退を余儀なくされた。スキー場からの撤退という公約を守らなかったこと、指導力や組織運営能力に不満を持つ人が増えたことなどが、支持者の離反につながってしまったようだ。旧三水村を中心とした支持者が次々にはなれ、町長を務めた四年間で、求心力をすっかり喪失してしまったのである。かつての有力支援者は「町長になったら聞く耳を持たなくなってしまった。住民は（スキー場に）ケジメをつけてほしいと思っていたのに、ケジメをつけられなかった」と、言い放つのだった。相澤氏にも直接、話を聞こうと取材を申し込んだが、「取材はお断りいたします。言いたいこともありますが……」と、拒否されてしまった。

一方、定数一五の町議選は、新旧交代が大幅に進むことになった。旧村時代から議員を務めてきた羽入田頼衛さんや山浦幸一郎さんらベテラン議員五人が引退し、彼らの後継とみられる新人五人が出馬した。そのなかの一人が、第一次政策サポーターを務めた荒川詔夫さんだ。選挙にはこのほかに二人が出馬したが、ともに二桁の票しかとれず落選を重ねていた人たちだった。飯綱町議選での最大の課題は、議員のなり手不足にどう対処するかになっていた。

「三年前（一三年）の町議選には、もう出ないつもりでした。ところが、（すでに引退した）先輩たちから『大変なことになりかねないから、出ろ』と強く言われまして、告示の一週間前に立候補することにしました」

こんな打ち明け話をしてくれたのは、九九年に旧牟礼村の議員になってから通算で五期、地方議員を務める原田重美さんだ。寺島さんや渡邉千賀雄さんに次ぐ議員歴をもつベテランで、七〇代。飯綱町議会の初代の副議長でもある。旧牟礼村議時代に合併推進派として寺島さんらと対峙《たいじ》した原田さんは、過去の経緯をよく知る数少ない議員の一人である。

議員引退をいったん決意した原田さんが告示直前になって翻意せざるを得なくなるほど、飯綱町議会の議員のなり手不足は深刻化していた。定数を上回るだけの候補をなんとしても擁立しなければならない、より厳しい状況におかれているのである。

町長選と町議選は、いずれも予想通りの結果となった。町長選は四九四二票をとった峯村さんが圧勝し、町議選は一二票と二六票にとどまった二人が落選となった。

議員個々の力がアップしてこそ、議会力がアップする

二〇一三年一〇月、峯村勝盛さんが新しい町長に就任した。民間出身の相澤前町長とは異なり、峯村町長はもともと役場職員で、副町長も務めた。前回の落選から四年のブランクがあるとはいえ、町行政に精通した人物である。一方、新人五人を迎え入れた議会側は、正副議長選の結果、寺島議長、清水副議長の続投となった。総務産業と福祉文教の二つの

常任委員会の委員長も原田征夫さんと塚田實さんで変わらず、盤石の体制が維持された。

議会側は、議員個々の資質の向上を図ろうと、新人議員五人を対象にした研修会を実施した。町議選後の一二月のことだ。講師役を正副議長と二人の常任委員長が務め、議員必携と飯綱町議会基本条例をテキストにした。議会・議員の役割や議会のルールなどをしっかり理解してもらうのが狙いだった。当日に学ぶ項目（テキストのページ）を事前に指定し、五人の新人議員に予習してくることを求めた。研修会は八回ほど開かれたが、欠席する議員は一人もいなかった。また、研修会では一般質問のやり方についても、講師役がそれぞれの手法や体験や苦労話を披露しながら議論した。理屈だけでなく、実例を交えながらの実践的な研修となった。

それは、「学ぶ議会」を標榜《ひょうぼう》し、会派もない飯綱町議会らしい取り組みといえる。二元代表制の一翼として首長（行政）に対峙するのは、議員個々ではなく議会である、という共通認識をもっていることの現れでもある。議会内が首長派と反首長派に二分されることは、本来、あるべき姿ではない。議会内で様々な議論を積み重ね、意思統一（多数決）したうえで首長と対峙すべきであるからだ。つまり、議会・議員は首長に対し、是々非々の姿勢で臨むのが本来の姿である。是か非かはそれぞれの施策ごとであり、個々の議員がまず自分で判断しなければならない。そのうえで議会内での議論と採決となる。

そうした過程を経なければ、チェック機能など果たせるわけがない。議員の数よりも、その過程の方が重要なのだ。つまり、議員個々の力がアップしてこそ、議会力アップにつながるのである。所属する国政政党の日常活動に奔走したり、自らの意見を持たずに所属する会派の決定に黙って従うだけの議員では、議会力アップにつながるはずもない。

「こういう積み重ねが個々の議員力アップにつながると思います。飯綱町議会は、議員活動が疎《おろそ》かにならないようにサポートしてくれます。議員は選挙になるとお互いが敵になるので、新人がレベルアップすると自分の選挙に不利になる、と考える議員も他所《よそ》の議会にはいるかもしれませんが、そんなことではないと思います。議会改革というのは議会力、議員力のアップであり、それは地域住民の生活向上につながります。飯綱町議会はそういう大きな視野に立っています」

こう語るのは、政策サポーターから議員に転身し、新人議員研修会に参加した荒川詔夫さんだ。荒川さんはいろんな場で新人議員研修会のことを話題にし、「こういう仕組みがあるので、大丈夫ですよ」と、町民に議員になることを促しているという。

もっとも、本人は「議員になってこんなに忙しくなるとは思ってもいませんでした。農業にかける時間は二割から三割に激減しています。議員になる前は、報酬が月一六万円とは知りませんでした。当時、議員はボランティアでいいのではと思っていまして、報酬額に関心をもっていませんでしたから。でも実際に議員になってみますと、一六万円というのは安すぎると思います」と、実状を語る。そして、若い人に議員になってもらうためにも、ある程度議員報酬を引き上げるべきではないかと主張する。

第七章　戦う議会

町長が立ち往生？

政治の世界にある暗黙の了解の一つが、「ハネムーン期間」である。新しく首長や総理になった人に対し、議会は暫くの間、静かに様子を見守るというものだ。まずはお手並みを拝見し、着任早々から厳しく責め立てるようなことは少し遠慮しましょうというわけだ。

しかし最近は、首長の方からハネムーン期間を無視して、議会とバトルをはじめるケースも少なくない。改革を掲げ、議会の多数派が擁立した本命候補を打ち破った首長などによくみられる。古くは長野県の田中康夫知事（当時）であり、名古屋市の河村たかし市長、鹿児島県阿久根市の竹原信一市長（当時）、大阪府の橋下《はしもと》徹知事（当時）などが有名だ。最近では東京都の小池百合子知事だろうか。敵対勢力とみなす議会に先制攻撃をかまして主導権を握ろうという思惑や、攻撃的・好戦的という首長の個性などによる。だが中には、どちらかのちょっとした思い違いにより、ハネムーン期間から激しい夫婦喧嘩《げんか》に発展してしまうケースもある。

峯村町政がスタートして半年ほど経過した二〇一四年初夏のことだ。峯村町長が一四年度補正予算案の審議中に議員の質問に答えられず、立ち往生する場面があった。質問したのは、福祉文教常任委員長を務める塚田實議員。卓越した調査分析力をもつ塚田議員の理詰めで冷静な質問ぶりには、誰もが一目置いていた。執行部を声高に追及し糾弾するのではなく、疑問点を丁寧に問いただしていく姿勢を貫き、町職員からも信頼されていた。

舞台となったのは、一般会計補正予算案を審議する六月定例会だ。議会は六月三日（火曜）に開会され、本会議での一般質問と委員会審議を経て一七日（火曜）に閉会という二週間のスケジュールだった。このうち一般質問が行なわれる四日、五日、六日の三日間は夜間議会となり、町民が傍聴しやすいように午後六時からの開会となった。飯綱町議会初の試みだったが、三日間の傍聴者は六〇人に達し、前年（一三年）の年間傍聴者数と肩を並べることになった。町は六月定例会に九議案を提出したが、審議の中心は、約一億四〇〇〇万円にのぼる補正予算案であった。

駐車場舗装工事をめぐり、気色ばむ町長

塚田議員は本会議三日目に一般質問に立ち、町政全般についての質問を重ねた。補正予

算案に関しては「今定例会の補正予算案に保育園児の外国語体験委託事業七七万円が計上されております。ことの是非はともかく来週の予算決算常任委員会にお任せするとして、子供のころから広く世界に興味を持たせることは重要なことと思います」と、軽く触れるにとどめていた。

その翌週、六月一〇日に予算決算常任委員会が開かれ、ここで予想外の激論が展開されることになった。そもそも年度途中で組む補正予算は、当初予算編成時に予期できなかった制度の改正や事情の変更、公共事業費の配分決定などに対処するもので、あくまでも例外的・緊急的な措置にとどめるべきものだ。安易に補正予算を組むことは、当初予算の編成に悪影響を及ぼし、財政規律を乱すことにつながるからだ。各議員が、そうした補正予算の原則に照らして疑問のある事業を一つひとつ取り上げ、質問したのである。

例えば、保育園児への外国語体験委託事業だ。塚田議員が「事業そのものには賛同するが、なぜ、新規の事業を年度途中からスタートさせるのか」と疑問を呈した。当初予算化して始めるべき事業ではないか、との指摘である。

また、激しい議論となったのは、保育園の駐車場舗装工事についてだった。問題提起したのは大川憲明議員で、こう口火を切った。

「南部保育園駐車場舗装工事ですが、急に行なうということですが、舗装をすぐにしなきゃいけないとなれば、昨年のうちから傷んでいたのではないか」

これに対し、峯村町長は「ことの始めは町長ホットラインです」と明かし、「福井団地の住民から『何年も頼んでいるのに全然対応してくれない。町はどう考えているのか』と言われ、行ってみたら真ん中に穴が開いている。『今年度にあそこをやりましょう』と私の方から指示しました」と顚末《てんまつ》を語った。どうやら、自らのリーダーシップで迅速に対応させたと言いたかったようだ。

大川議員が「町長の話を聞くと、町民からの電話ということだったが、(担当の) 教育委員会はなんで今まで対応しなかったのですか」と、ポイントを突く質問を続けた。問われた教育委員会の担当者は「確かに意見がありました。認識が不足していたことが一番の原因です」と、率直に語った。

この答弁に、福井団地に住む塚田議員が「舗装をしてくださいというお願いは、区からしていません。それは個人からの要請だと思います」と指摘したうえで、「町は優先順位のつけ方をどういう風に捉えていますか。そのうえで、この舗装は何番目になりますか。あるいは、町として優先順位のつけ方のルールがあったらお答えください」と、落ち着いた口調で問いかけた。批判や糾弾といった感じではなかった。

ところが、峯村町長はこの質問に過剰に反応してしまった。ひょっとしたら、痛いところを突かれたのかもしれない。

「町長という立場で電話をもらい、現地を見て、その必要性を感じ、予算を計上したということです。これは理由にならないのですかね。それがダメだったら、次の選挙で私を落とせばいいじゃないですかね。好き勝手に個所付けをやっているという発想は毛頭ないんですけど」と、やや興奮気味に答弁したのだった。

求めたのは、ルールの明確化

二人のやり取りを聞いていた議員の中から、町長に対して「開き直りのような答弁は好印象をもたれない。もう一度熟慮しての回答を求めます」と声があがった。目須田《めすだ》修議員だった。彼は「自分の中にこういうルールがあるから、こういう判断をしたんだという答弁をいただかないと。誰かが町長に直訴したら通ったというのでは、癒着にみえます。自分のルールがあるから、こうして判断したんだという回答を求めます」と、諭すような発言を続けたのだった。

しかし、町長からは「ただ予算をつけろという話ではなくて、現地の保育園に行ったり、教育委員会とも話した中で、予算付けを決定したということです」と、ややピントの外れた回答しかなかった。

塚田議員は再度、こう問いただした。

「どこの区、地域もいろんな要望をあげています。それについて、今まで町からは『予算の範囲内で優先順序の高いものから』と言われてきました。これからは、町長ホットラインで町長にお願いし、町長に現場を確認してもらってＯＫになったものが優先順序の一番だ、という風に解釈してもよろしいでしょうか」

峯村町長が「決してそのような答弁をしたつもりはございません」と答えると、塚田議員は「優先順序のつけ方をお聞きしているのに、町長は『ホットラインで』と答えられている。そうじゃなくて、町が優先順序をどう決めているかを教えて下さい」と繰り返した。

返ってきた答えは「担当課と協議する中で、実施するかしないかを決めます」という曖昧なものだった。要領を得ない回答に対し、塚田議員は各地区から出されている要望については「優先順序のつけ方を整理して、いつになるのかきちんと（要望元に）返事ができるようにするのが、町のやるべきことだ」と指摘し、改善を求めたのである。

塚田議員は、町の税金の使い方の透明性、公平性の確保のためのルールの明確化を求めたのだった。飯綱町では、議員の一般質問で町長が検討を約束した課題については、半年ごとに検討結果を書面で議会に報告することになっている。塚田議員は、各地区からの要望についても、これと同様にきちんと回答することを町に提言した。

これに対し、峯村町長も「個々の区長、組長さんのところに、申請していただいたところの実施予定年度等についての通知は個々に出します」と約束したのだった。

質疑応答が建設的なものになったところで、荒川詔夫議員がこんな興味深い指摘をした。

「こういう町単独事業等は、三水地区の場合、組長、区長、そして担当課へ申請し、それ以外は認められない。地域の手順を踏んで申請してくださいというのが第一条件です。私も地域住民からこういう要請がありますが、組長、区長と役場、というルールを踏んでくださいといっています」

つまり、地域の要望（地域内の道や水路などの新設や補修といった小さな公共工事）を行政に伝えるのは、もはや議員の仕事ではなく、地域の自治会の役割になっているというのである。議員の口利きやあっせん、働きかけなどにより、事業着手の優先順序が変えられるのは不公正・不公平につながるからだ。仮に議員の働きかけで事業着手に変動が生じたとしたら、そうした議員の活動は税金の使い方に歪みを生じさせることにほかならない。

そして、補正予算案は否決された

予算決算常任委員会での補正予算案審査は、三時間にも及んだ。そして、委員会での採決の結果、補正予算案は賛成少数で否決された。

六月一七日に本会議が開かれ、改めて補正予算案に関する討論が行なわれた。塚田議員は「客観性や公平性の観点からも、計画的に実施計画に計上し、ルールに基づいて優先順序を決定し、ローリングする中で当初予算化すべき」といった反対討論を行なった。さらに三人の議員が原案反対の討論を行ない、一人の議員がこんな原案賛成の意見を開陳した。

「（補正予算の内容が）町長選挙等においての論功行賞的なものというような極端に異常な内容だったり、違法なものだったりするならば問題だが、そうでないとすれば、円滑な町政運営のために否決は避けられるべきであろうと私は考えます。ある意味では、苦渋の選択を迫られた中での原案賛成であります。今後、町長には二元代表制の意味をしっかり認識して対応してもらうとともに、住民の不満や困惑を招かない町政運営、予算執行を強く求めるものであります」

本会議でも原案への賛成少数は変わらず、二〇一四年度補正予算案は否決された。飯綱町では相澤前町長時代の一一年以来、二度目の出来事となった。一般的な地方議会では、当初予算案はもとより、補正予算案を否決することもめったにない。それは、議会・議員のほとんどが、是か非かの判断よりも別のものを優先しているからだと思えてならない。

飯綱町議会の清水副議長は、こう振り返る。

「これをきっかけに、議会の提案・提言に対し、執行部が文書できちんと回答するようになりました。当初、町長は我々に対して上から目線のように感じましたが、その後、議会の力を認めるようになったのか、きちんと対応するようになったと思います」

第八章　課題と未来

「議会だより」を議員がモニターに直接、手渡す

「議会だより」の作成を議会事務局に押し付けていたり、民間に丸投げしている地方議会がまだまだ多いが、さすがに発行すらしないという議会はほとんどないだろう。議会活動の内容を住民にしっかり説明し、議会に関心を持ってもらおうと広報誌の充実に力を入れる地方議会は少なくない。なかには「議会だより」モニター制度を作り、積極的に住民の意見を集めるところもある。モニターの意見を紙面充実にいかそうという取り組みである。

飯綱町議会も八人に議会広報モニターを委嘱していたが、二〇一四年八月から、その数を一気に五七人にまで増やした。しかも、「議会だより」を各議員が分担して全モニターに直接、手渡し、回収するようにした。郵送するだけでは、中身をしっかり読んでもらえない。直接、議員が手渡しすることで議会や議員を身近に感じてもらい、「議会だより」も手にとって読んでもらおうという発想だ。つまり、議員のほうから住民の中に入っていくのである。たくさんいる議会広報モニターから意見や要望、感想を聞き、さらには彼ら彼女らに隣近所で議会活動を話題にしてもらうことも狙っていた。

五七人のモニターは、公募および議員が推薦する者の中から議長が委嘱する。できるだけ議員のいない集落を優先し、男女比は半々。若い人を可能な限り多くしている。任期は二年で、政策サポーターとは違って再任も可。謝礼として年間二〇〇〇円分の商品券が渡される。モニターは「議会だより」についての提言のほか、議会への住民の意見や要望を把握して議会に伝え、反映させ、さらには座談会への出席やアンケートへの回答、調査への協力なども行なう。要するに議会の応援団である。議員のなり手不足に直面している議会側からすると、「政策サポーター」同様、新たな人材供給ルートの一つにしたいとの思惑もある。

進化する政策サポーター会議

その「政策サポーター」が、二〇一五年六月に新たに集められた。第三次政策サポーター会議の発足である。

第三次は総勢一六人で、公募への応募はなく、全員、要請となった。女性九人に男性七人。職業は農業が五人、自営四人、会社員四人、主婦一人、イラストレーター一人、地域おこし協力隊員が一人。ここに議員が八人ずつ（寺島議長は二つの研究会を掛け持ち）加わり、一チーム一六人となった。第三次のテーマは「飯綱町における高齢者の新しい暮らし方（健康戦略）の提起」（座長は塚田實議員）と、「都市・農村の共生へ――新しい産業を生み出し、若者定住の促進を」（座長は原田征夫議員、途中から渡邉千賀雄議員が代理）と決まった。六月二四日に二つの研究会の初会合が開かれた。

「この人だと決めたら、一発で決めます。断られたら別の人になんてことは一切、考えません」

こう語るのは、第一次政策サポーターから議員に転身した荒川さん。第三次政策サポーター会議に今度は議員として参加し、双方の立場を経験した唯一の町民である。荒川さんは塚田議員が座長を務める「健康戦略」研究会のメンバーとなり、政策サポーターを探す側に回った。テーマに相応《ふさわ》しい人をじっくり吟味し、この人しかいないと判断して要請した。

そんな荒川さんは、四年ぶりに参加した政策サポーター会議の変わりように大変驚いたという。会議の進め方が洗練され、自由闊達《かったつ》な議論につながりやすくなっていたからだ。

第一次、第二次と回を重ねてきたことで、確実に進化（レベルアップ）していると実感したのである。第二次から続けて座長についた塚田議員は、前述のように民間企業の元役員で、成果ある会議の運営に長じた人でもあった。

「健康戦略」チームの提言

会議では政策サポーターのみならず、議員個々も発言を求められた。また、各々の意見を綴った文書の提出を求められることもある。会議終了前に次回での論点を絞り込み、事務局が事前に参考資料を集めて全員に配付した。会合ごとの議事録も、事務局が作成して配付した。会合では各自の意見発表と討議が展開され、終わると全員がまた宿題を抱えて次の会に臨むのである。こうしたプロセスを繰り返しながら会議を七回開き、最終的に座長が提言書を取りまとめる。

荒川さんは「議員も自分の意見を言わなければならず、その能力や見識がはっきりわかってしまうので大変だった。でも、一番大変なのは座長で、様々な意見を取りまとめて文章化する能力がないとできない。その点、塚田さんはすごかった」と語った。

政策サポーター会議の二つのチームは、二〇一五年一二月一六日、それぞれの提言書を峯村町長に提出した。

塚田議員が座長を務めた「健康戦略」チームの提言書の中身を紹介しよう。提言書のタイトルは「飯綱町におけるマスターズ世代の新しい暮らし方の提起」というもので、こんな問題提起から始まっている。

「国連が六五歳を『高齢者』と区分した一九五〇年代、日本人の平均寿命は、男性六三・六歳、女性六七・七五歳（一九五五年）だった。しかし、その後、平均寿命は延伸を続け、平成二五年の日本人の平均寿命は、男性八〇・二一歳（＋一六・六歳）、女性が八六・六一歳（＋一八・八歳）で、男性の平均寿命が初めて八〇歳を超えた。

一方、平成二五年の『健康寿命（日常生活に制限のない期間の平均）』は、男性七一・一九歳、女性七四・二一歳で、平均寿命との差（日常生活に制限のある『不健康な期間』）は、男性九・〇二年、女性一二・四年となっている。

今後、住民の健康づくりの一層の推進を図り、平均寿命の延び以上に健康寿命を延ばすことは、人口減少が進む中で、だれもが生きがいを感じて生活できる活力のある地域を築くための重要課題の一つである」

ちなみに、飯綱町の六五歳以上人口（二〇一四年）は三九八五人で、高齢化率は三三・六％。平均寿命（二〇一〇年）は男性が八〇・九歳、女性が八七・四歳である。

提言書は「『人生八〇年時代』を迎え、これまでの高齢者は支えられるものというイメージと実態はあわなくなってきている」とし、高齢者の健康で幸せな生活の実現に向けた様々な提言を盛り込んでいた。「町がやるべきこと」と「地域でやれること」、それに「自分で努力すること」の三つに分類したうえで、多岐にわたって細かい提言がなされている。

寺島さんは「政策サポーターの意見を真摯に受け止めてまとめ上げた、塚田議員にしかできない内容のものになっている」と、高く評価する。

「議員らしい議員」の死

座長の塚田議員は、この提言書の取りまとめに追われていたころ、自らの体内に病魔が増殖していた。癌《がん》である。荒川議員はこう証言する。

「去年（二〇一五年）の八月一三日に長野市民病院で塚田さんにバッタリ会いまして、どうしたんですかと聞いたら、検査だと言っていました。今年（二〇一六年）の一月四日にも市民病院でバッタリ会いました。私は癌の定期健診でした。塚田さんはマスクをしていまして、げっそりと痩せていました。奥さんも一緒でしたので、紹介してもらいました。それが塚田さんとの最後となってしまいました。議場で席が隣だったので、いろいろ教えていただきました」

塚田實さんは二〇一六年二月二四日、胆のう癌により死去した。六六歳だった。飯綱町の議会改革を象徴するような議員が、突然、この世を去ってしまったのである。

小柄ながら骨太でガッチリ体型の塚田さんは、健康そのものだった。よく食べ、よく飲み、よく仕事をする活動的な人でもあった。会社を背負って立った経験もあり、どこにいても自然とリーダー役を任された。議員になってからも町や地域のために全力を尽くしていた。寺島さんや原田さんら気の合う議員仲間と出会い、充実した日々を送っていた。

そんな塚田さんが、いつからか胃の痛みを感じるようになっていた。胃薬を飲んですませていたが、長引くので病院で精密検査してもらうことにした。一五年八月のことだった。検査結果は信じられないものだった。胆のう癌で、すでにステージ4。余命半年から一年と宣告されたのである。衝撃の事実は、本人と家族らごく一部の人しか知らなかった。

それでもしばらくの間、日常生活にそう支障はなく、抗がん剤を投与しながら議員活動を続けた。その年の一一月には副議長に就任するほど、元気だった。寺島さんは「副議長になってもらえませんかと話を持ち掛けたら、『いいですよ。でも、途中で死ぬかもしれないな』なんていっていました。元気そうでしたので、抗がん剤が体にあっているんだなと思っていました」と打ち明ける。

塚田さんは一二月に入ってから、座長を務める政策サポーター会議の提言書作りに没頭した。深夜二時、三時まで自宅のパソコンに向かい、キーボードを叩いていた。その音で目を覚ました奥さんは、黙ってその後ろ姿を見ていたという。塚田さんは一五年一二月一六日に提言書を峯村町長に提出し、ホッと一息ついた。ほかの議員とお酒も飲んだという。

しかし、暮れあたりから体調が悪くなり、肉が削《そ》げ落ちていった。正月明けにはがりがりに痩せ細ってしまい、二月に入院。そのまま帰らぬ人となったのである。寺島さんは「塚田議員ほど優秀な議員に出会ったことがない。現状を把握する力と分析力、問題の本質を解明する力と解決策を提示する力も兼ね備えていた。近隣であんな議員らしい議員に今まで出会ったことがない」と、死を惜しむのだった。

塚田さんの奥さんが、議員時代の思い出を語ってくれた。塚田さんが、議会について一度だけ怒りを露《あらわ》にしたことがあったという。それは議員になって二年ほど経過した時だった。議会から戻ってきた塚田さんが、憤懣《ふんまん》やるかたない表情で奥さんにこう打ち明けた。

「議会傍聴していた見知らぬ町民に『おめえさん、一体、何で食ってんじゃ』と言われてしまった」

塚田さんはこの言葉に傷つき、腹を立てていた。よそ者の民間出身者が議員になって何を言っているんだ、という意味に聞こえたようだ。あの時の悔しそうな顔を鮮明に覚えているという奥さんは、こんなことも言っていた。

「定年退職された方も、政治参加なさった方がよいと思います」

議会を襲う、相次ぐ不幸

実は、飯綱町議会は塚田議員が病死する前にも大きな不幸に見舞われていた。塚田さんの奥さんが「うちに連絡が入った時、主人と二人で沈み込んでしまいました。あの方こそ本当にすごい方でした。あの方が突然、亡くなり、うちも……」と、二〇一五年一〇月の出来事を語ってくれた。

議員力の高さで塚田議員と並び称された原田征夫議員が、不慮の事故で亡くなってしまった。一五年一〇月二五日、草刈り中に車の操作を誤り、その下敷きとなって命を落としてしまったのである。七〇歳だった。

原田議員は政策立案能力のみならず、地道な議員活動で町民から高い評価を得ていた。議員になった直後から、定例議会終了後に必ず「原田いくお町議会便り」を発行し、自分で配布していた。長野市役所で広報の仕事もしていたとあって、四ページの「原田いくお町議会便り」は充実した内容となっていた。趣味の写真もプロ顔負けで、自身が撮影した写真をふんだんに活用していた。毎回一五〇〇部も作成し、亡くなった時も第二四号を配り終えたばかりだった。しかも、前日には自分の後援会の集まりを開き、五〇人ほどの町民を前に「これからは（町内を走る）一〇〇円バスの運行などを提案したい」と抱負を語っていたという。初出馬の際の奥さんの助言を忘れず、町内をこまめに歩き、いろいろな住民の話にじっくり耳を傾ける議員であった。奥さんは「議長さんが『これが本当の議員活動です』とおっしゃってくれました」と語る。弔問に六〇〇人もの人が訪れ、「昔の村長さんの時よりも多い」と言われたという。

飯綱町議会は、議会力の屋台骨を支えていた二人の常任委員長を相次いで失ってしまった。ある町職員は「お二人とも議会改革を引っ張ってきた方で、とても優秀な議員さんでした。我々、行政職員の相談にも親身になってのってくれました。そんなお二人が相次いでお亡くなりになり、議長さんも大変お辛いかと思います」と、しんみりと語った。

飯綱町議会は二人の常任委員長の急逝により、後任の役員人事を行なった。原田さんが務めていた総務産業常任委員長に小林佳子議員が、塚田さんが務めていた福祉文教常任委員長には黒柳博子議員がそれぞれ就任した。そして、欠員二となったまま、一三人の議員で様々な議会活動をこなさねばならなくなった。もちろん、議会のダメージは、単に議員の数がマイナス二になっただけではなかった。

町民の政治参加は、まだ不十分

二〇〇八年から取り組みがスタートした飯綱町議会の議会改革は、着実に成果をあげていた。

「学ぶ議会」が定着し、議会内での議論は確かに活発化した。ほとんどの議員が首長に是々非々の姿勢で臨むようになり、「追認機関」からの脱却も果たしていた。また、町民との協働による政策提言も今やすっかり当たり前となった。

飯綱町議会は議員間による自由討議などで明らかになった地域の政策課題を集約し、町長に「予算・政策要望書」として提出していた。これは二〇一〇年から始められた飯綱町独自の制度で、毎年一二月頃に提出されることになっていた。こうした議会側の要望について町長は検討を重ね、その結果を書面で議会に提出する仕組みができあがっていた。

しかし、一二月になってからの「予算・政策要望書」の提出では遅すぎる、との意見が町の課長クラスから出され、議会側は、要望書の提出を一七年度から九月に前倒しすることを決めた。議会側の提案・提言を次年度の予算案編成にきちんといかそう、という行政側の姿勢の現れである。議員個々の要望や口利きといった類ではなく、二元代表制の一翼である議会としての要望であるからこそ、行政側も真摯に、かつ、誠実に受け止めているのである。もちろん、町当局が議会側の政策提言力を高く評価するようになったことも要因の一つである。飯綱町の議会力は確実にアップし、本来の機能を果たせる存在に変貌した。

だが、その一方で、飯綱町議会はいくつもの課題を相変わらず抱えていた。議会力はアップしたものの、議員力のアップはまだまだ不十分であること。住民に開かれた議会を目指しているが、肝心の住民の反応が今一つであること。さらに、議員のなり手不足という大きな難問に直面していた。現在、欠員二で、しかも現職は七〇歳前後が多く、体力的に限界にきている人も少なくない。一七年一〇月に議員選が迫っており、議員の新旧交代をいかにうまく進めるかが、喫緊の課題となっている。

こうした新たな局面に立つ飯綱町議会は、一六年四月、「町議会に対する町民の意識調査」を実施した。議会改革という茨の道に踏み出すきっかけとなった〇八年二月の町民アンケート以来のことだ。今回の調査も町民が議会をどう評価しているかを探ったもので、アンケート対象者（回答者一〇五人）は自治会関係者（区長と組長）、各種団体のトップ、政策サポーター経験者、議会広報モニターだった。一般の町民よりも議会に接する機会の多い人たちに限定されたため、前回の調査結果と単純に比較することはできないが、議会改革の取り組みの成果を町民がどう評価しているか、うかがい知ることはできる。

それによると、「町議会に町民の声が反映されていると思いますか?」との問いに対し、「反映されている」と「ある程度反映されている」との回答が全体の約六五%にのぼった。八年前のアンケートでは「反映されていない」が約六〇%だったので、議会への評価は急上昇したとみてよいだろう。また、「町議会が町民に開かれた議会であると思いますか?」との設問に対しては、約七四%が「開かれている」または「ある程度開かれている」と回答し、否定的な回答は二割ほどにとどまった。

ところが、「町議会を、議場で傍聴したことがありますか?」との問いには、約六六%が「ない」と答え、なかでも、二〇代から四〇代の子育て世代は全員が「傍聴経験なし」と回答した。「仕事や育児などで忙しい」との理由が半数を占めていた。つまり、現役世代には平日昼間に開催される議会の傍聴は事実上、不可能で、議員に接する機会の多い人たちでさえ、議会の傍聴はしたことがなかったのである。意識調査で「住民に開かれた議会とするために、どのようなことが必要だと思いますか?」と尋ねたところ、トップは「町民と町議会の懇談会を行う」(五〇人)、そのあとを「町議会の報告会を各地域で行う」

（四二人）、「『議会だより』の内容充実」（三九人）、「インターネットによる町議会のビデオ放送」（二五人）、「傍聴しやすい町議会の開催」（二三人）と続いた。

飯綱町議会は〇八年から町民との意見交換会を実施しており、この調査時点までに町内一三か所、計二五二人の町民の参加を得ていたが、これではまだ不十分だという意見が寄せられたのである。議会の開会を休日や夜間にする、託児室を作るなど、住民が参加しやすい形態に変えるなどの大胆な改革が必要なのかもしれない。

議員報酬と定数に関する問題提起

今回の意識調査で興味深かったのは、「町議会や議員について、何を期待しますか？」との問いへの回答だ。アンケート結果をみると、「町民の声を町政に反映する」が七一人でトップ、「町会議員の資質を向上する」が六〇人、「町政運営のチェック機能を強化する」が三五人と続き、「町政運営の提言活動を強化する」は二八人だった。チェック機能強化や政策提言よりも、まずは、議員の資質を向上させてくれという声が圧倒的に多かったのである。

寺島議長はこんな感想を漏らしていた。

「住民は身近にいる個々の議員の言動や日常活動をみて、議会全体の評価をしているのではないでしょうか。やる気のない議員や変わろうとしない議員がいないわけではないでしょうから、そういう回答になるのだと思います。議会力は向上したと思いますが、個々の議員力は今後の課題です」

今回の意識調査で最も注目されたのは、議員報酬と定数に関する設問への回答だった。「本町議会議員に月額一六万円の報酬が支給されていますが、どのように考えますか?」という問いかけに対し、「増やすべき」が四〇人、「現状で良い」が三八人、「減らすべき」はわずか六人だった。また、現在の議員定数一五については、「減らすべき」が六一人、「現状で良い」が三五人、「増やすべき」は〇人だった。

議員の数を減らすべきだという意見が多い一方、議員報酬については、引き上げるべきかどうかで町民の意見は二分していた。議員報酬がほかと比べて安いにもかかわらず、議会改革を重ねて議員活動を活発化させていることを町民が認めているからであろう。ほかの自治体の議会で同様の住民意識調査を行なったら、おそらく「議員報酬を引き下げろ」

という回答が圧倒的多数となるだろう。

飯綱町議会が町民意識調査を実施した最大の狙いは、議員報酬と定数に関する問題提起にあると思われる。なかでも議員報酬の引き上げである。深刻化する議員のなり手不足に危機感を募らせている議会側は、多様な住民が議員になりやすく、かつ、しっかりした議員活動が展開できるような議員報酬にすべきだ、と考えているのではないか。月額一六万円ではとても無理だとして、引き上げを模索しているのである。

議員報酬と定数は「少なければ少ないほどよい」という風潮への疑問

全国に共通する住民感情として「議員の報酬と定数は少なければ少ないほどよい」といったものが、根強くある。そうした感情の裏にあるのは、「議会や議員は我々住民の何の役にも立っていない」との不満である。議会・議員は法制度上なければならないことになっているから設置しているにすぎない、との冷め切った見方だ。

そうした住民にすれば、議会・議員にかけるコストは「少なければ少ないほどよい」となるのは当然だ。そんな住民たちの受けを狙ってか、議員報酬の大幅カットや定数の大幅削減を選挙公約に掲げる候補者も少なくなく、ポピュリズムの波に飲み込まれそうになっている議会もある。議員報酬と定数の問題は、どうしても財政支出の面だけで論じられてしまいがちである。議論のスタート時点から誤った方向へ進んでいると言わざるを得ない。

議員報酬と定数はどうあるべきか。その結論を導き出すには、まず、議会・議員の役割とは何かを明確化させなければならない。そのうえで、そうした役割を果たすために必要な議員の資質とは何かも明確化させ、どのくらいの報酬額ならば議員に相応しい人材が集められ、さらに、その活動を持続させられるかを議論すべきであろう。定数についても同様だ。換言すれば、住民生活を向上させるような議会・議員にするには、どのくらいの報酬と定数が妥当かを考えるべきなのだ。「安かろう、悪かろう」ではいけないし、「高かろう、悪かろう」はもっとダメだ。まして無報酬のボランティア議員など、現在は不可能である。それでは議員活動は持続できないし、議会力の著しい低下につながりかねないからだ。単なる人気取りで終わることになるのが、目に見えている。

報酬額を決める際に重要なのが、議会力アップの視点と、住民との合意形成である。さらに報酬額の算出基準の明確化である。なぜ、この額になるのか。その根拠をきちんと説明できなければいけない。「首長の報酬や幹部職員の給与、住民の給与所得額などを基準に算定」といったような、額の根拠を住民に説明する責任がある。

住民側も、報酬額の多寡にのみ関心を持つのではなく、個々の議員が報酬額に相応しい活動をしているかをしっかりチェックし、そうでないと判断したら、選挙で「割高議員」を落選させることだ。議員個々の仕事ぶりを注視することが、主権者の責務の一つでもある。

「支持者の意見だけが民意」ではダメ

では、議員に求められる資質とは何か。

現実の議員の仕事ぶりが低レベルであるからと言って、議員本来の役割が軽いものだというわけではない。確かにこれまで、誰が議員になっても変わらないという時代が続いていた。それは、中央官庁の言う通りに行政運営していれば、それなりにうまくいっていたからだ。財政的にも余裕があり、お上にお任せの民主主義に胡坐《あぐら》をかいてすまされた時代である。

ところが、今はすでにそういう牧歌的な時代ではなくなっている。少子高齢化と財政難の進行によって、中央官庁は、日本の各地域が抱える様々な課題を解決する施策と予算を提供できなくなっているからだ。地域の課題は、地域自らの力で解決していかねばならない。つまり、自治力が問われる時代となった。今までのような議員のなり手では、役に立たないのである。住民の声に耳を傾けて地域の課題を的確に捉え、その解決策を議会の一員として提示できる人材が今、求められている。もはや、特定地域や特定組織団体、特定個人の要望を行政に伝えることは、議員の仕事ではない。議会・議員の役割は行政に対する監視機能だけではなく、政策提言で執行部と切磋琢磨するレベルにまで広がっている。

そうした役割を果たすために議員に求められる資質は、四つ。一つめは使命感である。地域住民のために活動するという使命感をしっかり持った人でないと話にならない。二つめはコミュニケーション能力である。多様な意見に耳を傾け、冷静に話し合える器を持っていることが不可欠となる。つまり、異なる意見の持ち主ともきちんと議論ができる人でなければならない。「支持者の意見だけが民意」と考えるような人はＮＧだ。話し好きよりも聞き上手の方がよい。三つめは、まっとうな生活感覚と旺盛な知的好奇心である。ごく普通の生活人で、他人の痛みや苦しみをきちんと受け止められる人でなければならない。視野が広く、新たなもの・未知なるものに興味をもつ高感度な人が望ましい。四つめは、一緒にいるだけで楽しくなるような人だ。自然にいろんな人が寄ってくるようなタイプが望ましい。

さらに、留意すべき点がもう一つ。地域は多様な人たちで成り立っている。よって議会も、多種多様の経歴を持つ老若男女で構成されるべきと考える。多様な議員が侃々諤々の議論を重ねながら、最終的に議会としての意見をまとめ上げていく。そうしたことができる資質をもった人を、議員に選ばなければいけない。いい加減な人を議員に選んでしまうと、その地域（自治体）は間違いなく衰退していくことになる。税金が地域の社会的課題の解決のために使われず、地域の将来を切り開くことにもつながらないからだ。そうなってしまうことへの危機感を一人ひとりの住民がもたなければ、地方創生などありえない。

〝カリスマ議長〟に対する、様々な論評

全国の議会関係者から高い評価を得ている飯綱町議会だが、もともとは、どこにでもあ

るような普通のダメ議会であった。そんな議会を劇的に作り変えた寺島議長に対し、同僚議員の中からはいろいろな声が聞こえてくる。ある議員は、こんな本音を語った。

「議会改革に反対する人はいませんせん。今の流れを断ち切ろうなんて思っている議員はいないはずです。議長を中心に進めていることは、素晴らしいと思います。寺さんは大変な勉強家ですけど、その個性に対しては批判もあります。強権的な発言をする人で、強引さに内心では反発している議員もいます。怖がっているような人もいます。私は議長に対しても是々非々で、面と向かって文句も言いますがね。議員個々には、確かに今一つの人もいます。また、議長の言いなりになっているような議員もいます。引っ張ってくれるリーダーは必要ですが、少し頼りすぎているように思います」

別の議員は「議会改革は議長の考え方が強く出たもので、議員間に温度差があります。大将は勉強家ですが、昔からやや強引なところがあります。自己満足や対外的な評価よりも、住民にとってどうかが重要です」と、慎重に言葉を選びながら語った。いずれも、寺島議長と距離を置く議員である。

一方、副議長として支える立場の清水議員は「議長はよく勉強する人なので、そのレベルに合わせるのは大変です。多少強引なところがあっても、問題はないと思います。今の時代、多少強引なところがないと（物事が）動いていかないからです。強引というのは、一生懸命に説得するという意味です。議長はそれこそ命懸けで議会改革に取り組んでいまして、そんな風にバカになってやる人がいないと、改革はできないと思います。寺さんの業績はとても大きいと思います」と、冷静に分析する。

また、荒川議員は「議会改革が進んでいるのは寺島議長の力です。彼の卓越した指導力によるものです。組織はトップに優秀な人がいればよいと思います。もし彼みたいなのが一五人もいたら、逆に、組織は空中分解してしまう」と、持論を語るのだった。

一方、町のある職員は「議長あっての飯綱町議会だと思います。議長さんがいなかったら、誰も変わろうとしなかったと思います。議長さんは常に時代や社会に合わせて変わろうとしています。前へ前へと進もうと、とても意欲的です。職員の仕事ぶりもよく見ていまして、怠けている職員を厳しく叱責したりします。素晴らしい方だと思います」と明言した。

寺島議長と因縁浅からぬ旧三水村長の村松さんは、こう論評した。

「町長も議員もみんな、寺さんにカマされていると言う人がいるが、そうではなくて、町長、議員の方に力がないから、そう見えてしまうだけではないか。町長やほかの議員さんにしっかりした理念がなければ、寺さんに対抗できない。要するに、寺さんの向うを張るような人がいないから、彼が牛耳っているように見えてしまうのだと思います。ただ、彼はもう少し大きな視点に立って物事を進めるべきだと思います。スキー場と、小学校の統合という地元の一番大きな問題に対処できなくては、議会改革とはいえないのではないか」

町長との対話

では、二元代表制のもう一方の側は、議会改革を推し進める飯綱町議会をどのように見ているのか。飯綱町の峯村勝盛町長に話を聞いてみた。

——飯綱町議会の活動が全国から注目されています。町長はどう評価していますか。

「議会はしっかり動いていると思います。与党も野党もなくて、いや野党は二人から四人くらいかな、あとの議員は是々非々です。議会への事前の根回しは人事案件ぐらいで、それ以外はいたしません。私は職員出身で、議場が議論を交わす一番よい場所だと思っていますので、根回しを事前にするのはなじまない。(議場での)セレモニー的なやり取りも必要ないと思っています。補正予算案が(事業内容が)補正になじまないとの理由で否決されたこともありますが、修正したうえで再提出して可決してもらいました」

——やりにくくはないでしょうか。

「議員の中には、冗談半分に『町長派の議員がいないとやりづらいだろう』なんていう人もいます。確かに、執行部としては議会に(首長提案を)同意してほしいという願望はありますが、私は今の議会を評価しています。全体の活動や議員の発言が議会の存在感を示すようなものになっていまして、議員の発言などを尊重しようという雰囲気が醸成されていますす。議員というものに魅力を感じるような空気が、議会改革で生まれ育っていると思います。

昭和五〇年代、六〇年代の議員は地域の役職を積み重ねてきた人たちで、そういう人たちが最終的に出てくるのが、議会でした。したがって、それぞれの人の発言は経験と地域の信頼に基づくもので、知名度も今の議員よりも数段高かった。村長との互いに熟知した深い関係、つながりがあって、阿吽《あうん》の呼吸だった。今は議員のなり手がいなくなっています。地域の代表という面が薄くなっていて、一人ひとりの考えや政党の推薦の中で出ています。それで今までの経過などについて未熟な面もあります」

——議員はよく勉強していますか。

「議員個々によりますね。議員としての勉強よりも自分の生活を優先している議員もいるでしょう。政策サポーターたちの厳しい質問にきちんと答えられる議員はそうはいないのではないでしょうか。議長はしっかりしています。今の議長、副議長、委員長体制の中で充分議論がなされていて、(議会としての)方向性が定まっています。

でも、議長のワンマン議会だと思いますね。解決の方向性まで(議長が)示していますから。議会の課題は二つあると思います。一つは、誰が欠けても議会全体として改革を進めていかなければいけない。それから、議会改革が最終的に住民の生活向上に結びついていくかどうかです。議会改革が生活の向上につながっている、と住民が感じるようになっているかどうかです。今はまだちょっとそうなってはいないと思います」

――議会の政策提言を町長も取り入れています。

「はい。行政が気付かなかった分野の提案があります。（議会からの提案が）行政が知りうるきっかけとなったものです。区長や組長は二年交代なので、長いスパンでみている議員さんや住民の提案やご意見はとてもよいと思います。こういう人材豊富ではないところでは、議会だろうが区長会だろうが、グッドな提案を取り入れるのは当たり前だと思います。誰の成果（手柄）になってもいいんです。無理して行政の成果にしてもらわなくてもいい。私は、議会からのよい政策提言を無視したり、反対だとして実行しないような執行部は違うと思っています」

峯村町長は、議会と程よい距離をとっているように感じた。馴れ合い・癒着関係でもなく、激しい対立関係に陥るでもなく、絶妙な緊張関係を保ち続けているといえる。議会からの提案・提言をしっかり受け止め、よいものを着実に実行に移している。峯村町長の力量と器の大きさもあって、二元代表制の本来の関係に近いものができつつあるようだ。

実は、飯綱町の二元トップには不思議な縁があった。峯村町長と寺島議長は、中学生時代からの知り合いだったのである。当時の牟礼村には中学校が二つあった。牟礼東中学校と牟礼西中学校で、同学年の二人は違う中学に通っていたが、ともに三年生の時に生徒会長を務めており、その時から互いの存在を意識するようになっていた。それから半世紀以上が経過し、牟礼東中学校の生徒会長が町長、牟礼西中学校の生徒会長が町議会議長と、それぞれが飯綱町を代表する立場になったのである。

議長との対話

飯綱町議会の改革を牽引する、寺島渉議長にも取材した。

――寺島さんが議員になって四半世紀がたちました。

「昔はいろんな腐敗行為が横行していまして、正義感から切り込んでいきました。議員として（行政への）監視と批判に頑張りました。（そんな議員活動を）理解してくれたのは、いつも少数の方でした。それで『正論を主張しても、いつも少数派』なんてよく言われました。不正に対する追及もとことんやりましたが、『相手にもう少し逃げ場も作ってやった方がいいのではないか』と忠告もよくされました。闘えば闘うほど、敵が増えてしまいました。『寺島は味方にしたらこんなに頼りになる男はいない。だが、敵にしたら大変なことになる』なんてこともよく言われました」

――孤立無援の闘いですね。よくつぶれませんでしたね。

「前近代的な政治体質、行政体質をなんとかして変えたいと思って活動してきました。住民自治とはかけ離れた行政を変えたいと。こうした（議員）活動が住民の利益にとって大事だという確信を持っていました。それに正義感です。これらがなかったら、つぶれていた、やっていけなかったと思います。闘えば闘うほど敵が増えますが、しかしその一方、闘い抜くことで変えることができます」

――そういうものですか。

「誰かがやらなければ、（政治や行政の体質は）変わりません。そうした問題点を（私は）一つずつ明らかにしていきました。行政のあり方も変わってきていて、隠蔽体質も変わりつつあります。本来の姿になってきました。（不正の追及も）徹底的にやれば、同じような問題は起きなくなります」

――寺島さんご自身も、追及、糾弾一辺倒から変化していったのでしょうか。

「党を離れたころから、過半数の町民から理解・納得してもらえるやり方があるのではないか、と考えるようになりました。議論をしても敵を作らないようにした方がよい、と思うようになったのです。どうやったら多くの町民から支持されるか、多数派になれるか、そういう視点を持って理詰めで考えるようになりました。それは、まっとうな議会を作れないかと本気になって思ったからです。住民自治を担う本当の議会です。それには多数派にならないとできません。

大きなきっかけもありまして、議会改革に取り組む機会がやってきました。議会運営委員長になってから、徹底的に勉強しました。議員をまとめることが大変難しかったが、とにかく『まともな議会を作りたい』という思いが強かった。地方議会の負の歴史に立ち向かい、新しい議会を作ろうと強く思ったのです」

――改革の過程で嫌な思いをしたことは。

「一部の議員から『寺島は自分の名声、知名度をあげるために議会改革をやっている』なんて陰口を叩かれたこともありましたが、一切、気にしませんでした。議長選挙の時、（立候補した）私に対していろんな質問が出まして、質疑応答に一時間もかかったことがありました。議員の多くが議会活動への確信を持ち切れていないように感じました。問題意識が希薄で、能動的に調査研究しない議員がいたのも、残念ながら、事実です」

――議会改革には何が不可欠でしょうか。

「単なる追認機関になっている地方議会がほとんどだと思います。昔の飯綱町議会もそうでした。これを変えるには何らかの転機が必要かと思います。うちの場合は、三セクの破綻でした。議会改革は軸になる議員が二、三人いれば可能だと思います。その人たちが粘り強く、頑張り抜くことです。相当な意思力が必要となりますが、徹底的に学習することと、自由な討論をとことんやることが何よりも重要だと思います。それから、地方議会は四年に一度の選挙で議員のメンバーが変わります。それでも（住民自治を担う議会を）持続させねばならない難しさがあります。どうしても時間がかかります」

ほかの町村議会との連携

地方議会の改革は、今や、すべての自治体が抱える喫緊の最重要課題といっても過言ではない。議会改革を求められているのは飯綱町議会だけではなく、また、実際に必死になって改革に取り組んでいる議会も多い。しかし、目に見えるほどに成果をあげているところは少なく、議会改革が定着、継続しているところもそう多くない。改革に立ち上がった議会の多くが、危機感を募らせながら四苦八苦しているというのが実状だ。

そうした議会改革に奮闘している各議会の有志が一堂に会し、意見や情報を交換するシンポジウムが、二〇一六年七月八日に長野県松本市で開かれた。飯綱町議会の呼びかけによるもので、寺島さんの発案だった。議会改革の前進のためには、個々の議会の独自の努力だけでなく、議会・議員同士が学び合い、経験を共有し合うことも大事ではないかと考えて、県下の町村議会に呼びかけたのである。また寺島さんは、議員のなり手不足といった共通の課題を抱える町村議会には連携できることがあるのでは、と考えていた。今は点(個別議会)でしかない議会改革の取り組みを面(地域全体)に広げられたら、地域全体がよりよくなるのではという発想だ。

シンポジウムには、長野県内一六町村の議員や議会事務局職員など約一六〇人が集まった。会は冒頭、山梨学院大学の江藤俊昭教授が「住民自治の到達点と今後の課題」と題して講演し、そのあとに一二町村議会の代表が議会改革の取り組みを報告した。その後、意見交換となり、改革事例や課題などについて話し合った。シンポジウムは三時間余りにわたり、会場内は熱気に包まれた。好評により、一七年一月一七日に二回目のシンポジウムが開催された。

議員報酬に関する、住民との意見交換会

二〇一六年一〇月一五日、飯綱町議会は、議員定数と報酬をテーマとする住民との意見交換会を開催した。

飯綱町議会は一三年一二月に定数と報酬に関する特別委員会を設置し、二年半にわたって議論を重ねていた。この日は、議会としての結論を住民に示し、意見を聞くことを目的とした。会場となった飯綱町民会館に七〇人ほどが集まり、午後二時から五時まで活発な討議が展開された。

議会側が住民に示した案は「議員定数は現行の一五人を維持し、議員報酬は増額する」というものだった。具体的なアップ額については、議員の意見がまとまらなかったため未

提示となった。町長に議員報酬アップの要望書を提出し、特別職報酬等審議会で審議してもらう、との方針であった。

寺島議長が、集まった住民に議員報酬アップを求める理由を説明した。

一つは、議員のなり手不足である。その要因として「議員活動への魅力が実感できなくなっていること」「議員の存在価値が実感できないでいる町民が少なくないこと」「自分の生活が精一杯で、行政・議会への関心が薄れていること」「議員報酬が低く、経済的な魅力がないこと」などを指摘した。その一方、議会改革を実践し、新しい議会作りを進めるなかで、議員の実質的な活動が長時間に及んでいることを寺島議長は指摘した。議員の仕事はもはや片手間仕事ではなくなっている。そして、飯綱町の議員報酬が月額一六万円で全国最下位レベルであることも明らかにした。

議員のなり手不足は議会力の低下を呼び、二元代表制の一翼の弱体化につながる。その結果、住民自治や住民福祉の向上にマイナスの影響を及ぼすことになる。そう警鐘を鳴らしたのである。

こうした説明を重ねた寺島議長は、議員報酬を検討する観点を示した。「議員活動の実態に見合った報酬」「議員立候補の意欲が生まれる報酬」「生活に見合った報酬」「議員力が発揮できる報酬」などだ。

その後、住民との意見交換となったが、次々に手が挙がり、会場の熱気は一気にあがった。議員報酬アップに反対という声はなく、建設的な提案ばかりとなった。「若年議員を対象にした奨励金（議員報酬上乗せ）を検討できないか」「議員は真剣に仕事をしているので、倍の月額三二万円にしてもよいと思う。しかし、その場合は『兼業なし』にしてもらいたい」「定数を減らすと多くの票をとらないと当選できない。それで立候補しないのではないか。意欲ある人が出られるように、定数を増やすべきだ。〝女性枠〟〝青年枠〟を設けることはできないか」「アンケート結果をみると、〝報酬増＋定数減〟〝報酬現状＋定数減〟を考える人が多い。ここを議論していかないとダメではないか」など、様々な意見が出た。また、議会・議員と住民の間に距離があるとし、「一般質問や委員会を夜間に開くようにしてもらいたい」「住民は議員活動をよく知らない。住民ともっと連携すべきだ」「住民と議員の間に意識のギャップがある。各地域でこういう意見交換会をやるべきだ」といった率直な意見も出された。

こうした住民の指摘を受け、議会側は、住民との意見交換会を町内各地で開いて説明を重ねることとなった。

住民から「サラリーマンに議員休職を」という提案

議員報酬と定数をめぐる意見交換会が終了した後も、飯綱町議会事務局に住民から意見や提案が多数、寄せられていた。それらのなかには、こんな刮目《かつもく》に価する声もあった。「なり手不足問題の解決策の一助として、町内の企業にも協力してもらえないか。従業員が議員になった場合、その活動と身分を保障し、（仮に四年後に落選しても）企業の従業員として働き続けることを認めてもらうなど支援を求めてはどうか」といった提案である。働き盛りのサラリーマンが、一時期、地方議員として活動できるような環境整備を企業側に求めるものだ。すでに社会貢献の一つとしてこうした制度を設けている企業もあるが、日本ではまだまだ普及していないのが現実だ。

勤務先に選挙休職や議員休職といった制度があるならば、地方議員として活動してみたいと思っている人は少なくないのではないか。サラリーマンの議員への一時転身が可能となれば、事実上、特定の職種の人しか議員になれない現状が打破されることになり、議会の活性化につながるに違いない。

それは地域にとってプラスになるだけではない。真剣に議員活動に取り組めば、当人にとっても貴重な体験となるはずだ。視野や人脈が広がり、見識も深まるに違いない。コミュニケーション能力も鍛えられ、人間としての総合力が高まるのではないか。そうした議員経験者を持つことは、企業にとってもプラスになるに違いない。もちろん、自社への利益誘導のために社員を議会に送りこもうというのは論外である。そうした事例もあるので要注意ではあるが、住民からの「選挙休職や議員休職を」という提案は、意味深いと思う。

また、地域住民のために身を粉にして働くプロの議員を求める声もあった。「人口減少、少子高齢化の進行は、地域に新しい問題を発生させている。議会と議員が政策立案能力を発揮して町民のために仕事をしてくれるなら（議員報酬は）月額四〇万円でもいい。しかし、兼業は禁止だ」と指摘していた。議員・議会の役割の重要性を感じ取っているのであろう。こうした意見が寄せられるというのは、議会活動の中身をしっかり見ている住民が増えていることの現れではないか。

議員報酬に成果主義は導入できるのか？

飯綱町議会は、二〇一六年一一月七日に「議員報酬の増額に関する要望書」を峯村町長に提出した。その内容は「定数は、現状の一五名を維持する」「報酬については増額する」の二点のみ。住民との意見交換会で議会側が提示したものと同じで、増額の中身についてては一切触れず、「報酬額を増額する際は、二〇一七年一〇月の町議会議員選挙後の新たな任期の議員から適用することが妥当」とした。この要望を受けて、町は一二月一五日に飯綱町特別職報酬等審議会（以下、報酬審議会）に諮問を行なった。また、議会側も改めて住民懇談会を開き（二〇一七年一月二一日）、住民の意見に再度、耳を傾けることになった。

議員報酬をめぐる話し合いが続く中で、住民の中から意表をつく意見が飛び出した。「議員報酬のアップに異論はないが、個々の議員の働きぶりに大きな差があるので、報酬にも差をつけるべきではないか」という主張だった。働きぶりの評価に応じた議員報酬にすべきという、ある意味、一般常識に沿った提案といえた。いわゆる成果主義の導入である。

こうした意見が出されるというのは、一五人（現在は一三人）いる議員個々の仕事ぶりが住民に見えている、可視化されていることの現れだ。議員を十把一絡げにして批判したり、議員個々の名前や顔すらわからないというのが、自治体住民の一般的な実態であろう。飯綱町では、それだけ住民と議会・議員の距離が狭まっているといえる。

実は、議員報酬に差をつけた地方議会は過去に存在した。熊本県五木村議会である。議員定数一〇の五木村議会は、二〇一〇年四月から、全国で初めて議員報酬に成果主義を導入した。月額二一万三〇〇〇円だった議員報酬のうち、八割は毎月支給し、二割を各議員の成果給とした。活動の評価に応じて年度末にまとめて支払う仕組みとしたのである。

だが、村議会議長が評価委員長と水面下で交渉していたことが明らかになり、客観性に疑問の声が沸きあがって一二年にあえなく廃止となった。議員個々の活動を客観的に評価するのは、その評価項目と尺度、さらには評定者をどうするかといった点に難しさがあり、「言うは易し、行なうは難し」なのである。そもそも議員の評価は任期四年間の活動で判断すべきで、しかも、その評価は選挙の場で下すべきものだ。つまり、議員の働きに納得できなかったら、その議員には投票せず、別の人に交代させるしかない。選挙が、議員活動への最終評定の場なのである。

しかし、選挙に立候補する人そのものが少なくて、ダメ議員も堂々と当選を重ねてしまうのが、現在の日本の地方議会の実状である。質の悪い議員を淘汰《とうた》するという選挙本来の機能が働かなくなっているのである。立候補者数が定数をほんの少し上回るだけの選挙を続ける飯綱町議会も、そうした危機状況と無縁とはいえない。

念願の「政務活動費の新設」議案を提出へ

二〇一七年一月二七日、飯綱町報酬審議会の二回目の会合が開かれた。出席した委員からは「報酬を上げただけで若い人材が議会に集まるかどうかわかりませんが、なり手を増やす第一歩にはなると思います」といった意見が出され、議員報酬アップへの異論は特になかった。

こうして「当町議会議員の平均活動実績を考えた場合、近隣同規模町村の報酬を目安に引き上げが妥当と判断した」との答申がまとめられた。飯綱町議の現在の報酬は月額一六万円で、長野県内の同規模町村の平均月額は一八万四七一八円。つまり、二万円程度の増額が妥当という見解であった。

報酬審議会においても、個々の議員活動に大きな格差が生まれているとの認識が示されたが、議員報酬に差をつけるのは非現実的だとされ、事務方からそれに代わる案が提示された。それは政務活動費の新設だった。一生懸命に活動している議員が必要経費を自腹で賄っている状況もあり、新たに政務活動費を支給する案を出したのである。月額の上限を一万円から三万円程度にし、富山市議などのような不正使用を防ぐため、前払いではなく後払いにする。さらに使途を明確化したうえで、実費精算方式の完全公開制を採用する方針という。こうして、政務活動費の新設が付帯意見として答申に添付されることになった。

報酬審議会の答申をうけた飯綱町の峯村町長は、三月議会に議員報酬アップの議案を提出し、九月議会に政務活動費を新設する議案を提出する見込みである。

住民から「役立たず」との罵声を浴び、議員報酬や政務活動費の削減を求められている地方議会が目白押しの現在、飯綱町議会は全く逆の展開となっている。

住民と議会・議員の「負のスパイラル」を脱するために

現在、ほとんどの地方自治体で住民と議会・議員の関係が負のスパイラルに陥ってしまっている。住民の議会・議員への無関心と不信感が議員の劣化を呼び込んでしまい、深い溝を生んでいる。それにより、住民はさらに議会・議員への関心を失い、いまや議員のなり手すらいなくなりつつある。地方自治の根幹が崩れかねない危機的状況となっている。

議会改革はこうした悪循環を断ち切るものでなければならず、議会内だけで完結するものではない。素晴らしい議会基本条例を制定すれば事足りる、といった話でもない。議員としての心構えや資質、能力に欠ける人たちが平然と議席に座り続けているような現状を打破し、住民に信頼され、住民の役に立つ議会・議員に作り変えることこそが、真の議会改革である。つまり、その取り組みは議員のみでなしうるものではなく、完結するものでもない。いつまでも役に立たない議会・議員をそのまま放置していてはならない。メンバーをチェンジすることが不可欠だ。

地方議会における議員のなり手不足の最大の要因は、議員の仕事や役割がよくわからず、やりがいや誇りなどを感じられないことだと考える。現職議員の情けない姿を見ていると、「自分もああなりたい」とは思えない。地域への熱い思いがあればあるほど、議会というリスペクトできない人たちの集団に身を投じようとは考えなくなる。まさに負のスパイラルである。

　こうした悪循環を断ち切るには、まずは議会・議員が地域住民の役に立つことを実践するしかない。つまり、実績を積み上げること。その例が飯綱町議会だ。地域のために懸命に働くようになった議員の姿を目の当たりにする飯綱町の住民は、おそらく、彼らのバトンをしっかり自分たちが引き継ごうと思うに違いない。飯綱町は負のスパイラルからいち早く抜け出して、地域をより発展させる好循環に転換しつつあるように思う。

　寺島議長はこう語っていた。

「本気になって議会を変えようと思って動く議員が二、三人いれば、議会は変えられます。ただ、その人たちが粘り強く、頑張り抜くことです。闘い続ければ、変えられます」

おわりに

地方自治をテーマに各地を取材して回る生活も、早いもので、すでに四半世紀以上となる。全国津々浦々の住民から必ずといってよいほど聞かされるのが、地方議会や議員に対する怒りや罵倒の声である。不祥事や不正の頻発に対してだけでなく、「存在価値を見出《みいだ》せない」という痛烈な批判だ。住民に選ばれた議員の多くが、その一方で、住民の蔑視の対象にすらなっていると痛感させられるのである。実際、目を覆いたくなるような劣悪な地方議会や議員が跋扈《ばっこ》しており、正直にいえば取材者でありながら、地方議会や議員の実態に嫌悪感を抱くこともある。

そんな日々を送りながら、常に頭の中にあったのが「本来の役割をきちんと果たす地方議会など、日本では存在しえないのか」という疑問だった。それでも「日本には一七八八も地方議会があるのだから、ひょっとしたら……」という淡い期待も捨てきれず、まるで宝物を探すように全国取材行脚を続けていた。そんな中でやっと出会えたのが、本書で紹介した長野県の飯綱町議会だ。

議会事務局の狭い部屋で寺島渉議長と清水満副議長に初めて会った時の印象が鮮烈だった。議会改革の内容はもちろん、二人の見識の高さと地域や自治への思いに感銘し、驚かされたのである。なによりも二人の表情がとてもよく、これまで取材した地方議員とは明らかに違うと思った。「本物の地方議員だ」と実感し、取材を重ねることになったのである。

取材のポイントは、なぜ、飯綱町議会が議会本来の機能を果たせるようになったかである。その謎を解き明かし、地方議会の著しい劣化に怒り、嘆き、そして、半ば絶望している全国各地の住民に「諦めないでください」と伝えたかった。地方議会の再生は夢物語ではなく、実現可能であることを実例で示し、役割を果たせる議会に作り変えることの意味も明らかにしたかった。それは、議会を再生することが、地域の暮らしやすさを高め、住民生活の向上につながるということにほかならない。

飯綱町議会は、掲げていた看板通り「学ぶ議会」であり、「議員の自由討議」を重視する議会であった。「学ばぬ議員」と「議論を避ける議会」ばかり取材してきたので、新鮮な驚きだった。また、首長提案に「何でも賛成」か「何でも反対」の議会ばかり見てきたので、首長と切磋琢磨する飯綱町議会に驚愕するしかなかった。どうしたらこんな地方議会が作れるのかと、不思議でならなかった。

飯綱町議会の改革はすでに八年に及んでおり、一貫して改革を牽引する寺島議長の手腕によるところが大きい。本書で明らかにしたように、その寺島議長の経歴は普通ではなかった。若い頃は日本共産党の村議で、「正論を言うが、いつも圧倒的少数派」と揶揄されていた。その後、離党したが、文字通り孤立無援の闘いを続けてきた。

寺島議長は「住民自治と地方自治の実現」を自らの政治信条とし、「住民のためにきちんとした議会を作ること」を長年、目指していた。そんな寺島議長が議会改革の好機を逃さずに牽引役についたことが、飯綱町議会の再生へのスタートとなった。

改革の過程とその手法については本書で詳述したが、ポイントがいくつかある。一つは、議員が集まって学習し、徹底的に話し合ったことだ。話し合いの場で発言しない人には発言を促し、沈黙を認めず、お客のように傍観する議員をなくしていった。議会を、意欲や能力のない議員にとって居心地の良くない場所に変えたのである。また、住民への情報発信に力を入れ、同時に（自分の支持者以外の）住民の意見を積極的に吸い上げるようにした。さらに、議員個々が住民の中に積極的に入り、その声にじっくり耳を傾けるようにした。こうした地道な取り組みを議員全員でコツコツと続け、議会力を底上げしていったのである。

議会力がアップし、議員個々の働きぶりが見えるようになった飯綱町議会では、珍しい現象が生まれている。例えば、清水均議員のように町内をこまめに歩いて一般質問する一期目の議員がいる一方で、毎度のように国政の課題を取り上げるベテラン議員や、国の施策をいかに生かすかという視点での質問に終始する議員もいて、地域に根差す議員であるかどうかが、住民にも見えるようになったという。首長との切磋琢磨だけでなく、議員同士の切磋琢磨が生まれているのだ。

最後に一言。地方議会の再生なくして地方創生はありえない。そして、地方議会を再生できるのは住民であり、住民以外にはなしえない。地方議会を再生することによる最大の受益者は住民であり、その主体も住民なのである。

相川俊英（あいかわ　としひで）

一九五六年群馬県生まれ。地方自治ジャーナリスト。早稲田大学法学部卒業後、放送記者、フリージャーナリストを経て、九七年から「週刊ダイヤモンド」委嘱記者。九九年からテレビ朝日系「サンデープロジェクト」の番組ブレーンを務め、自治体関連の企画・取材・レポートを担当。著書に『反骨の市町村』（講談社）、『トンデモ地方議員の問題』（ディスカヴァー携書）、『奇跡の村　地方は「人」で再生する』（集英社新書）など。

地方議会《ちほうぎかい》を再生《さいせい》する

集英社新書〇八七三Ａ

二〇一七年三月二二日　第一刷発行

著者……相川俊英《あいかわとしひで》

発行者……茨木政彦

発行所……株式会社集英社

東京都千代田区一ツ橋二-五-一〇　郵便番号一〇一-八〇五〇

電話　〇三-三二三〇-六三九一（編集部）
〇三-三二三〇-六〇八〇（読者係）
〇三-三二三〇-六三九三（販売部）書店専用

装幀……原　研哉

印刷所……大日本印刷株式会社　凸版印刷株式会社

製本所……加藤製本株式会社

定価はカバーに表示してあります。

ISBN 978-4-08-720873-3 C0231

Printed in Japan

a pilot of wisdom

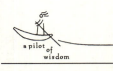